AF258683

ÉTUDE ET CRÉATION

D'UNE

VOIE DE COMMUNICATION

ENTRE

LA CÔTE ET LE CONGO

Voie du Congo français

A. LE CHATELIER

PARIS

SOCIÉTÉ ANONYME DE PUBLICATIONS PÉRIODIQUES

P. MOUILLOT, Imprimeur

13, QUAI VOLTAIRE, 13

1893

ÉTUDE ET CRÉATION

VOIE DE COMMUNICATION

ENTRE

LA COTE ET LE CONGO

Voie du Congo français

A. LE CHATELIER

PARIS

SOCIÉTÉ ANONYME DE PUBLICATIONS PÉRIODIQUES

P. MOUILLOT, Imprimeur

13, QUAI VOLTAIRE, 13

1893

ÉTUDE ET CRÉATION

D'UNE

VOIE DE COMMUNICATION

ENTRE

LA COTE ET LE CONGO

DÉVELOPPEMENT ÉCONOMIQUE
DE L'AFRIQUE NÈGRE

Le développement économique de l'Afrique nègre suit une progression accélérée. Au commencement du siècle, les rapports du continent noir avec l'Europe dans la région intertropicale se bornaient à la traite. Quelques baracons d'esclaves constituaient les seuls établissements commerciaux de la côte. Cinquante ans plus tard, les produits naturels du sol alimentaient déjà un trafic d'échanges régulier. Des factoreries se groupaient çà et là, formant des embryons de colonies. Mais jusqu'à ces vingt dernières années la pénétration européenne ne se manifestait pas encore au delà d'une bande littorale très étroite. Et voici qu'aujourd'hui elle intéresse jusqu'au centre, le continent traversé de part en part.

Si la loi d'une prochaine accession de l'Afrique entière au mouvement européen s'affirme évidente, il semble difficile de chiffrer les conséquences de la transformation qui va s'accomplir. Leur importance se dégage cependant d'un ensemble de faits.

Lors de la fondation de Libreville, en 1849, par la création sur l'estuaire du Gabon, d'un village d'esclaves libérés, les M'Pongoué qui peuplaient la région, vivaient presque nus, dans des cases de palmes. Actuellement, tous adoptent le costume européen. Ils se construisent des chalets de bois, avec portes, fenêtres, vérandahs circulaires, meublés de lits, de tables, de chaises, de glaces. Quand en 1880, M. de Brazza conclut le traité qui, en nous donnant les rives du Stanley-Pool, assura la fondation du Congo français, les Batéké, sujets et vassaux de Makoko, ne se vêtaient, comme tous les riverains du fleuve, que de pagnes indigènes. Ils n'utilisaient comme métaux que le cuivre et le fer des mines du pays. Tous aujourd'hui achètent des fusils, des cotonnades par ballots, des couvertures, des produits variés de notre industrie. A 500 kilomètres de la côte, les tombes des chefs de villages sont couvertes d'assiettes, de vases de faïence, de verres, de bouteilles. Voici cinq ans seulement, les Bobangui de l'Oubanghi, à 800 kilomètres plus haut, n'acceptaient que des perles grossières en échange de leur ivoire. Il leur faut maintenant des perles rares, fabriquées à Venise sur d'anciens modèles et valant jusqu'à 5 francs la pièce, des étoffes, des objets manufacturés.

Progression extrêmement hâtive de la consommation locale, tel est le résultat indiscutable de l'entrée en contact de la race noire et de la race blanche. Si le rendement économique de cette évolution ne peut s'évaluer, on se rend compte tout au moins des développements que celle-ci peut prendre en constatant que par exemple les noirs de la côte se montrent aptes, dans les colonies françaises et anglaises, aux métiers, aux emplois les plus délicats. Voici quinze ans, aucun noir du Sénégal ne connaissait la locomotive, et presque tous les mécaniciens du Dakar-Saint-Louis sont des ouvriers nègres, formés par la Compagnie. Tous les employés subalternes de l'Eastern Telegraph Company sur la côte, sont des noirs de Sierra-Leone, de Lagos, de Cap-Coast, qui manipulent eux-mêmes les appareils, sans contrôle. La limite de l'évolution africaine est dans l'assimilation de la civilisation européenne par les races indigènes, jusqu'au point atteint par les nègres d'Amérique, des Antilles. En Afrique, le stade intermédiaire entre la barbarie absolue et cet état civilisé, se franchit presque d'une génération à l'autre, par le seul fait de rapports immédiats et constants avec l'Europe. Créant ces rapports, toute voie de communication entre la côte et l'intérieur est appelée à donner satisfaction à un ensemble de besoins nouveaux, dont l'importance, sans être susceptible de mesures exactes, peut s'apprécier au point de vue des transports par mesure comparative. En un laps de temps très court, les transports d'importation auront à fournir aux populations sauvages du centre africain tout ce qui leur manque pour égaler celles du littoral. Et ces transports ne s'effectueront qu'au prix d'une production d'exportation alimentant des transports de retour équivalents.

Pour juger l'avenir d'une voie de communication dans l'Afrique nègre, il ne faut pas considérer l'état présent, mais bien l'état futur du continent, tel qu'il résulte de la loi générale de l'évolution africaine.

LE CHEMIN DE FER DE L'ÉTAT INDÉPENDANT

Aussitôt l'existence de l'immense bassin intérieur du Congo révélée par Stanley, l'idée d'un chemin de fer entre ce bassin et le littoral s'imposa d'elle-même. L'estuaire du Congo pénètre profondément dans les terres. Jusqu'à Matadi, à cent milles de la côte, les bâtiments de fort tonnage peuvent remonter sans autres obstacles que des bancs de sables donnant lieu à quelques échouages (1). Immédiatement au-dessus de Matadi, la chute infranchissable de Yellala interrompt la navigation. Barré dès lors, sauf sur une section de 60 milles, entre Isanghila et Manyanga, par une succession de rapides et de chutes également infranchissables, le fleuve ne redevient navigable qu'au Stanley-Pool, à environ 400 kilomètres à vol d'oiseau de la côte, et à l'altitude de 290 mètres. — En amont du Stanley-Pool, le bassin intérieur du Congo et de ses affluents présente un réseau de voies navigables, accessibles à la navigation à vapeur, dont le développement total n'est pas inférieur à 11.500 kilomètres. La longueur des rives desservies sur les deux berges, par ces voies fluviales, égale celle des côtes de l'Europe, du cap Nord à Constantinople, par l'océan Glacial, la Baltique, la Manche, l'océan Atlantique et la Méditerranée. Le territoire ainsi drainé couvre une aire d'environ 3.000 kilomètres N. S. sur 1.500 kilomètres E. O. — Pour chaque kilomètre de voie ferrée entre la côte et le Stanley-Pool, la superficie à exploiter dépasse 100 kilomètres sur 100 kilomètres.

Le projet d'un chemin de fer du Congo, tournant les cataractes, avait été l'objectif décisif des promoteurs de la fondation de l'État Indépendant. Leur programme comportait sa réalisation au bénéfice exclusif de l'État. On la tenta dès que la situation politique le permit.

La « Compagnie du Congo pour le commerce et l'industrie », fondée sous le patronage du roi des Belges, souverain de l'État Indépendant, par un de ses officiers d'ordonnance, son confident et son conseiller, M. Thys, en vue des études du chemin de fer, se constitua dans le courant de 1886, et les études commencèrent l'année suivante.

Aux termes d'instructions formelles, le tracé ne devait en aucun cas emprunter le territoire des possessions de la France ou du Portugal, voisin de l'État

---

(1) Les bancs se déplacent fréquemment, et malgré l'organisation d'un service de pilotage par l'État Indépendant, malgré des tentatives de balisage, les échouages sont nombreux. En janvier 1893, le *Gaboun* (2.000 tonneaux), de la British-African Line, est resté échoué plus de quinze jours en aval de Boma, ayant pris pilote à bord.

indépendant. De Matadi, sur l'estuaire du Congo, à Léopoldville sur le Stanley-Pool, la voie devait suivre la rive gauche du fleuve en restant tout entière sur le territoire de l'État.

De ce côté, l'État Indépendant ne possède entre le Congo et la frontière portugaise qu'un couloir dont la largeur n'atteint pas un degré, sur les deux tiers de la distance entre Matadi et Léopoldville. Le choix du tracé se trouvait donc étroitement limité, dans des conditions particulièrement défavorables. En effet, les plateaux de l'intérieur s'abaissent vers la côte par étages irréguliers, que limitent des rides formant une succession de chaînes rocheuses. Sur la rive gauche du Congo, dans la région des chutes, ces soulèvements, se présentent obliquement et en nœuds orographiques, en massifs, dont l'érosion s'est produite en trois sens, face au fleuve vers le nord, et face à ses affluents vers l'est et l'ouest. Quelle que fût la direction du tracé, il devait aborder les chaînes par leurs versants en écharpe, et dans leur zone de grande épaisseur. D'autre part, sur la moitié du parcours, les roches dominantes sont des granits et quartzites, puis des schistes, des grès durs et des poudingues anciens. Au delà s'étend l'étage des grès rouges. Dans la première partie, les mouvements de terrain sont extrêmement confus, avec des dénivellations brusques, des ravinements profonds, et l'ossature rocheuse affleure dans tous les soulèvements qui atteignent des altitudes supérieures à 500 mètres à peu de distance du fleuve. Dans les grès rouges, les massifs sont plus épais, guère moins tourmentés, et leurs sommets s'élèvent à 700 mètres avec des altitudes moyennes de 600 mètres.

Des considérations d'ordre purement politique avaient limité le choix du tracé à l'exclusion des considérations d'ordre technique. Il en est résulté des difficultés d'exécution vraiment excessives.

SITUATION ACTUELLE DU CHEMIN DE FER DE L'ÉTAT INDÉPENDANT.

De Matadi au Stanley-Pool, la distance à vol d'oiseau est de 270 kilomètres. Après de longues hésitations, les études conduisirent à l'adoption provisoire d'un tracé de 435 kilomètres. Les travaux de construction commencèrent en 1890. Au 1ᵉʳ janvier 1893, on n'avait pas atteint le kilomètre 25. Il restait à construire 410 kilomètres.

Un rapport du Consul général de Belgique à Ténériffe, le docteur Allart, publié dans le *Bulletin consulaire belge* (Tome LXXVI, p. 437), permet de se rendre compte des difficultés surmontées dans cette première partie de l'entreprise.

« Les travaux préliminaires consistèrent à creuser sur le versant de la montagne où Matadi est construit, un terre-plein destiné à la station, aux magasins et remises des locomotives qui s'y trouvent construites actuellement. C'est là le point de départ du chemin de fer.

« Il se dirige d'abord le long du Congo, pénétrant à travers des roches énormes qui bordent la rive et parvient ainsi jusqu'au confluent de la Mpozo, dit Ravin Léopold, à 50 mètres environ à pic au-dessus des eaux tourbillonnantes des rapides. A partir de cet endroit et à la même hauteur, il s'engage dans la vallée de la Mpozo, suivant la rive occidentale de la rivière, et sur un parcours de 8 kilomètres, la voie creusée dans les roches est littéralement accrochée aux flancs de la montagne, surplombant à pic les eaux de la rivière et sautant une multitude de ravins. Les ponts, les murs de soutènement, les aqueducs, les travaux de protection contre les eaux diluviennes de la saison chaude y sont accumulés... On n'a pu avancer dans ces travaux qu'à force de dynamite, et encore a-t-il fallu en maint endroit soutenir les mineurs à l'aide de cordes pour commencer l'attaque des murailles à pic... On arrive ainsi au magnifique pont en fer de 60 mètres jeté un peu obliquement sur la rivière. A partir du pont, la voie suit la rive droite de la rivière et arrive au kilomètre 23 en contournant le massif de Palabala déclaré jusqu'ici infranchissable. Dès lors toutes les difficultés de construction disparaissent. »

On conçoit que dans ces conditions l'établissement des 25 premiers kilomètres ait été fort long. Et, certes, les travaux exécutés font honneur aux ingénieurs qui les ont dirigés.

Assurent-ils définitivement la traversée du Palabala? On en peut douter. En effet, la voie adoptée est celle de 0^m75 avec rails de 20 kilogrammes, et il a paru possible d'admettre des pentes de 45 millimètres. Le pont de la Mpozo, au kilomètre 8, est à la cote 62, et le col du Palabala, au kilomètre 16, est à la cote 290.

Si la locomotive atteint le revers du massif, il n'en est pas de même des trains. Les rampes sont trop fortes et les courbes trop petites. A celle du tournant de la Mpozo, un convoi de cinq voitures passe en S. — Utilisable pour une exploitation de construction, la section du Palabala ne l'est pas pour une exploitation commerciale, même au prix du dédoublement des plus petits trains.

C'est dans le courant de février 1893 seulement que la ligne a pu être utilisée pour la construction au delà jusqu'au kilomètre 25. Elle peut l'être aujourd'hui jusqu'au kilomètre 28 à l'extrémité du massif. A l'heure actuelle, les rails sont posés jusqu'au kilomètre 30 ; les terrassements achevés jusqu'au kilomètre 40 et entamés jusqu'au kilomètre 60. Pour atteindre le kilomètre 95, le tracé suit une plaine ondulée dont la traversée ne comporte que sept ponts de 20 à 30 mètres et des ponceaux tous les 5 ou 6 kilomètres. A n'envisager que cette section de la voie, des prévisions favorables semblent justifiées pour l'avenir.

Mais à partir du kilomètre 95 commence un second massif, celui de la Lukungu, assez tourmenté pour que les études de tracé y aient été poursuivies sans conclusion pendant quatre ans, jusqu'en 1892. Après le village de Kimpessé, à la cote 388, près duquel on paraît devoir tourner les hauteurs de la Lukungu vers ses sources, la contrée offre l'aspect d'une succession de collines séparées par des ravinements, jusqu'à un troisième massif très important, celui de N'gombi. A l'altitude moyenne de 500 mètres, ce massif extrêmement accidenté est traversé par deux grandes rivières aux vallées profondes, et sinueuses, coulant l'une vers le nord, l'autre vers le sud. Il se prolonge jusqu'à la rivière Enkissi, gros affluent du Congo, qui, au point du passage de la route des caravanes, a une largeur de 100 mètres dans une vallée étroite, très encaissée. Sur la rive droite de l'Enkissi, le sol devenu plus friable se ravine profondément. A la cote moyenne de 5 à 600 mètres, les hauteurs présentent des sommets de 6 à 700 mètres jusque vers Dembo. Moins impraticable que de la Lukungu à l'Enkissi, le pays reste difficile. Son niveau général s'abaisse, puis il se relève encore vers le Pool, à une dernière chaîne, profondément découpée comme les précédentes.

Sans présenter d'obstacles équivalents au Palabala, par l'accumulation sur un court espace de difficultés prodigieuses, les 335 derniers kilomètres de la voie n'en seraient pas moins d'une exécution plus que délicate. Les quatre massifs ne pourraient être franchis ou tournés qu'au prix de travaux tels qu'au 1ᵉʳ janvier 1893, cinq ans après le commencement des études, on en était encore à étudier le tracé définitif du kilomètre 95 au kilomètre 145, et à discuter la direction générale du tracé au delà du kilomètre 145. En décembre 1892, on cherchait encore une variante satisfaisante pour l'arrivée au Stanley-Pool.

Le chemin de fer de l'État Indépendant est-il réellement exécutable dans de telles conditions? Peut-être, mais dans des délais de temps très considérables, moyennant des dépenses excessives et sous réserve d'un recrutement suffisant de la main-d'œuvre. Les deux dernières conditions sont telles que le succès de l'entreprise reste au moins incertain.

La Compagnie de construction s'est constituée au capital de 25 millions, dont 15 millions fournis par souscriptions et portant intérêt à 7 0/0 à dater des versements, et 10 millions fournis par l'État belge, portant intérêt à 3 fr. 50 0/0. En examinant le rapport du Conseil d'administration à l'Assemblée générale des actionnaires du 18 janvier 1893, on constate que les dépenses effectuées au 30 juin 1892 s'élevaient à 12.023.752 fr. 04, contre 5.997.232 francs au

30 juin 1891, soit pour l'exercice une dépense de 6.026.520 fr. 04. En supposant qu'il n'y ait pas eu progression des dépenses depuis le 30 juin 1892, on voit que leur montant aurait atteint 15.032.592 au 1er janvier 1893, et qu'il atteindrait 18.041.430 au 30 juin 1893. Mais ce chiffre sera inévitablement dépassé de beaucoup. Sur un seul chapitre de dépenses, celui des *intérêts intercalaires* qui ressort à 644.600 francs pour l'exercice juin 1891-juin 1892, l'augmentation, proportionnelle aux versements, sera nécessairement de plus du tiers. Dans l'actif figure telle valeur douteuse, celle de 507 actions de la « Compagnie des magasins généraux du Congo », évaluées à leur prix d'achat pour 258.570 fr. et qui ne sont pas négociables (1). La réalité est que, au 30 juin 1893, les dépenses effectuées par la Compagnie du chemin fer s'élèveront au moins à 20 millions. Aussi bien n'était-il plus dû, sur le capital social, pour libération complète des titres, au 30 juin 1892, que 9.535.400 francs.

La Compagnie du chemin de fer de l'Etat Indépendant devra donc préparer une nouvelle émission dans le courant de l'année présente ; or, trois mois avant la fin de l'exercice en cours, à l'expiration duquel son actif disponible sera inférieur à 5.000.000 francs, elle n'a pas encore 30 kilomètres achevés sur 435. Tout en reconnaissant l'insuffisance du capital actuel, le rapport du 18 janvier ne contient aucune évaluation des charges à prévoir pour l'achèvement de la voie. Sur les lieux mêmes, dans les milieux techniques, on parle volontiers d'un prix de revient minimum de 50 millions pour l'ensemble de la ligne, somme qui paraît beaucoup trop faible. Même en faisant très largement la part des faux frais, des tâtonnements et des études du début, il ne semble pas possible, étant données les très grandes difficultés qui restent à surmonter, du kilomètre 100 au kilomètre 350, les accidents du terrain et la nature du sol, que la voie puisse être achevée à moins de 75 millions. Dans des conversations particulières, deux gouverneurs généraux de l'Etat ont successivement émis l'opinion que le chemin de fer n'atteindrait pas le Pool sans une dépense de 100 millions. La constitution du capital définitif par émission publique, pourra-t-elle se faire dans ces conditions? Les débuts de l'entreprise ne permettent guère d'y compter, et les chances de succès d'une émission, déjà très faibles, deviendront bien minimes, si une entreprise concurrente, appelée à intéresser directement le marché français se trouve

---

(1) Cette Compagnie a été créée par les soins de la « Compagnie du Congo pour le commerce et l'industrie », société mère de toutes les sociétés belges au Congo.

Dans le rapport à l'Assemblée générale du 30 juin 1892, le Conseil d'administration de la « Compagnie du Congo pour le commerce et l'industrie » s'exprimait ainsi : « La Compagnie des magasins généraux n'est pas encore parvenue à sortir de sa période d'organisation. Elle déploie une grande activité, mais n'a pas eu jusqu'ici à se louer des résultats. »

engagée, au moment même où devra se faire l'émission. En réalité, l'achèvement du chemin de fer de l'Etat Indépendant n'est possible au point de vue
financier que si l'État belge en prend presque entièrement la charge, hypothèse
fort incertaine dans la situation politique actuelle de la Belgique. La question
de la main-d'œuvre a d'ailleurs une importance capitale. En se reportant au
rapport du 18 janvier 1893, on voit qu'elle n'a cessé de s'aggraver et qu'il est
impossible d'en entrevoir la solution.

« Notre principale préoccupation, est-il dit, a résidé dans le recrutement
et l'entretien du personnel noir. Votre conseil d'administration, appréciant la
situation, n'a négligé aucun effort pour donner aux recrutements la plus
grande activité... Nous avons acheté dans ce but deux steamers... nous avons
en outre, accepté les offres d'agents recruteurs qui nous ont envoyé successivement des Sierra-Léonais, des Krooboy, des Accra, des Popos, des Sénégalais, des Bathurst, des Lagos, des Élmina, des Whydah, des Monroviens, des
Haoussa. Non content de s'adresser à la côte orientale où il a obtenu quelques
contingents de Zanzibarites, tous ces enrôlements étant insuffisants, il s'est
adressé aux Antilles où des Barbades ont été recrutés, et finalement à la Chine,
qui vient d'envoyer un premier contingent de coolies. C'est en vain qu'au
Congo même, on a tenté des recrutements d'indigènes.

« Malgré ces efforts jamais interrompus jusque dans ces derniers temps,
et les dépenses considérables faites en vue d'obtenir des travailleurs, le nombre
d'ouvriers que nous avons pu réunir sur les chantiers du chemin du fer a,
pendant plus de deux ans, été insuffisant.

« Les causes auxquelles il faut attribuer le peu de réussite du recrutement sont multiples. La plus importante réside dans les mesures qui ont été
prises par les administrations coloniales, ayant elles-mêmes besoin de bras, en
vue d'empêcher le départ des travailleurs indigènes pour le Congo. Les recrutements ont ainsi été interdits, en tout ou partie, à Zanzibar, d'abord, au Sénégal
et ensuite dans certaines colonies anglaises de la côte d'Or et de la côte d'Ivoire.

« Une autre cause qui est venue entraver les recrutements est la mau-
vaise réputation faite au climat du Congo, sur les différents points du littoral.
Cette réputation jusque dans ces derniers temps était méritée... Le manque
de confort et l'impossibilité immédiate d'en donner, l'absence presque complète de vivres frais, l'action débilitante de la température surchauffée dans
les ravins et le long des précipices dépourvus de toute végétation, l'énorme
difficulté des travaux à exécuter..., des maladies contagieuses... ont fait
beaucoup de victimes. Le chiffre des décès n'a pas besoin de commentaires :
sur 4.500 travailleurs et artisans qui ont passé successivement sur les chantiers de la Compagnie depuis le commencement de l'année 1890, jusqu'en
mars 1892, 900 sont morts.

« Une semblable proportion de décès suppose un chiffre de malades plus grand encore. En effet, la maladie a toujours tenu éloigné des travaux un nombre d'hommes variant suivant les saisons entre 8 et 18 0/0. ... Une telle mortalité, jointe au grand nombre de malades, a nécessairement jeté la démoralisation et même l'effroi dans le restant des contingents. Aussi les désertions ont-elles été nombreuses. A certains moments, des groupes importants de travailleurs s'échappaient pour aller vivre dans la brousse. D'aucuns se mettaient à l'abri en passant la frontière portugaise dont la voie n'est pas éloignée. Puis est venue la colère et l'on a vu, le 15 décembre 1891, 300 Sierra-Léonais armés de pierres et de bâtons quitter les chantiers de la Mpozo et se diriger vers Matadi pour essayer de s'embarquer de force sur le steamer *Akassa* qui était en rade.

« ... D'après les statistiques, les absences se sont élevées par moments à 30 0/0 du personnel... sur l'ensemble des travailleurs noirs recrutés, il y a eu constamment une large perte journalière de main-d'œuvre s'élevant à certains moments jusqu'à 48 0/0.

« ... Que faire avec des gens qui ne travaillaient plus que forcés par leur contrat et dont l'idée fixe était d'être rapatriés au plus tôt? Ils refusaient tout service; ils se disaient malades; les retenues de salaire n'avaient aucune prise sur eux; ils offraient d'abandonner à la Compagnie tout ce qu'elle leur devait en échange d'un ticket de passage. »

Le tableau se passe de commentaires. Il convient toutefois d'ajouter que les causes du mauvais état sanitaire, des désertions et de l'interdiction de recruter dans les colonies françaises et anglaises, ne sont pas celles qu'indique le rapport. Malheureusement pour l'avenir de leurs tentatives au Congo, les Belges ont adopté, dans leurs rapports avec les indigènes, une politique à la Stanley. L'Etat Indépendant en subit aujourd'hui les conséquences, par l'extension progressive d'un grand mouvement d'insurrection arabe qui compromet sa domination sur près de la moitié de son domaine. Dans la région même des chutes, pour citer un exemple précis, les commandants des cinq postes de la force publique ont dû expéditionner tous les cinq pendant le dernier trimestre de 1892, chacun de son côté, pour réprimer des rébellions locales, telles qu'il ne s'en produit jamais sur le territoire du Congo français habité par les mêmes peuplades, mais où les procédés vis-à-vis de la race noire sont autres. Les agents de la Compagnie du chemin de fer ont appliqué, eux aussi, les procédés de coercition en usage à l'Etat. C'est à la « chicote », à la lanière d'hippopotame, qu'ont été dirigés les chantiers. De cruelles bastonnades pour des fautes de paresse ou de négligence, l'application de châtiments plus graves, de la peine capitale même dans les cas de rébellion, ont donné à la police des chantiers un caractère tel qu'en effet les ouvriers ont parfois déserté en masse. Les désertions individuelles ou collectives n'ont pas eu le plus souvent d'autres causes. C'est ainsi qu'a éclaté à Matadi, le jour même du débarquement des contingents des Barbades, en novembre 1892, une rébellion dans laquelle trois des nouveaux venus ont été tués. Comment compter sur le zèle des survivants? Ils désertent chez les Portugais.

Quant aux maladies et aux décès consécutifs, l'explication en est beaucoup moins dans les conditions climatériques et telluriques que dans l'organisation rudimentaire des services d'intendance.

Le tempérament des races nègres est à certains égards délicat, tout comme un autre. Soumis à un régime alimentaire insuffisant et malsain, brutalisés sans raison, les noirs dépérissent rapidement, moins du fait même de contagion ou d'endémie, que du fait d'un affaissement général de l'organisme. Les maladies comme les désertions sont pour la plupart le résultat des errements suivis. Et ce ne sont pas des besoins de main-d'œuvre qui ont déterminé la fermeture des colonies anglaises et françaises, mais bien les plaintes incessantes des engagés.

Dans l'arrêté du gouverneur du Sénégal inséré au *Journal officiel* de la colonie et portant interdiction du recrutement pour le Congo, les mauvais traitements de toute nature infligés aux ouvriers du chemin de fer, sont seuls visés, fort explicitement d'ailleurs.

Des réformes peuvent avoir été introduites dans les derniers temps. Le mal n'en était pas moins fait. Il n'y a plus de recrutement possible en Afrique pour le chemin de fer de l'Etat Indépendant. Et le rapport du 18 janvier met pleinement en lumière la gravité de cette situation au point de vue de l'avenir : « Nous avions espéré, lit-on, pouvoir vous dire aujourd'hui nos prévisions quant au temps qui sera encore nécessaire pour achever la ligne et quant à l'insuffisance de notre capital, mais nous ne pourrons le faire avec quelque certitude que quand nous serons fixés sur deux expériences particulièrement intéressantes qui se poursuivent actuellement sur nos travaux.

« La première est l'utilisation des ouvriers chinois. Nous avons enfin réussi à en amener 530 sur nos chantiers. Ils y sont arrivés dans de parfaites conditions et ont été mis immédiatement à la besogne... Si la réputation qu'on a faite aux ouvriers chinois n'est pas usurpée et s'ils résistent au climat, la construction de notre ligne peut se poursuivre dans des conditions très différentes de rapidité et d'économie.

« L'autre expérience que nous avons tentée est l'utilisation des chariots à bœufs. Nous avons amené au Congo quatre chariots et quatre attelages de dix-huit bœufs du Cap. Si l'essai réussit — et si les bœufs vivent, il ne peut que réussir — vous vous rendrez aisément compte des facilités considérables que la construction de la voie ferrée doit en retirer dans un pays où l'une des principales difficultés réside dans l'organisation des transports en avant du rail.

« Fixés sur ces deux points, nous pourrons déterminer jusqu'où nous pousserons la voie avec notre capital actuel. »

Les bœufs du Cap son arrivés à Matadi en décembre 1892. Le dernier était mort avant le 1er janvier 1893.

Quant aux Chinois débarqués en novembre 1892, le déchet dépassait 20 0/0 au 1er janvier 1893.

Cinquante environ avaient franchi la frontière portugaise de l'Angola. D'autres s'étaient réfugiés à Cabinda. Vingt-deux étaient morts à Matadi, pendant un séjour de trois semaines aux environs. En chantiers, la moyenne des décès a dépassé deux par jour. En trois mois, l'expérience s'est affirmée négative. Il ne pouvait d'ailleurs en être autrement, à en juger par les précédents caractéristiques. En 1883, on avait amené au Soudan français quelques centaines de Chinois pour le chemin de fer du Haut-Fleuve. Tous moururent en une campagne, sauf un seul. Au Gabon, les déportés annamites qui y avaient été envoyés en assez grand nombre, furent employés à des terrassements. On a dû renoncer à s'en servir ainsi après un déchet rapide de 50 0/0. La race jaune ne résiste pas au travail sous le climat d'Afrique, qui l'éprouve presque autant que la race blanche.

Des deux tentatives sur lesquelles comptait la Compagnie du chemin de fer, pour préparer un avenir meilleur, aucune n'a abouti. Ni l une, ni l'autre n'avait d'ailleurs la portée d'un troisième essai sur lequel le rapport reste muet. Par l'intermédiaire d'un ancien fonctionnaire de l'Etat Indépendant, on avait, dans le courant de 1892, conclu avec Tippo Tib, chef arabe des Stanley Falls, et maître incontesté de toute la région du Haut-Congo, un contrat par lequel ce personnage s'engageait à fournir 3.200 « travailleurs libres » au chemin de fer, dont 800 livrables avant le 1er janvier 1893, à 500 fr. par tête, et les autres par lots successifs à 375 par tête. La mission chargée d'aller recevoir à Bénakamba la première livraison, partit de Loango pour le Stanley-Pool le 19 octobre 1892, et du Pool le 20 novembre. En arrivant dans le Haut-Fleuve, elle trouva la route de Bénakamba barrée par l'insurrection arabe. Aux dernières nouvelles officielles, c'est contre le propre fils de Tippo Tib que se battaient les troupes de l'Etat Indépendant. A mentionner comme expédient, la tentative n'a donné aucun résultat.

La question de la main-d'œuvre reste donc tout entière. Comme le constate le rapport du 18 janvier, la Compagnie qui s'est vu fermer la plupart de ces centres de recrutement en Afrique, ne peut plus trouver le personnel de travailleurs nécessaire. A défaut de toute autre considération, la constatation officielle de ce fait justifie tous les doutes sur la possibilité d'achever la voie, même au prix de sacrifices excessifs, même dans les plus longs délais.

La vérité, et elle s'impose quand on examine la situation sur place, est que, la conception du chemin de fer de l'État Indépendant ayant été dominée tout entière par le point du vue politique, on s'est placé au point de vue technique dans des conditions de nature à constituer une impossibilité. Les limites de possibilité ne sont pas les mêmes en Afrique et en Europe. Tel obstacle qui peut être vaincu dans nos pays au prix de quelques efforts, devient insurmontable dans la zone intertropicale du continent africain, mais seulement en raison des difficultés qu'il présente, mais parce qu'il comporte une progression d'efforts de tout genre dont l'ensemble est irréalisable. Tel est le cas du chemin de fer de l'État Indépendant, dont la situation actuelle et l'avenir se trouvent nettement caractérisés par ce bilan d'une dépense de 20 millions en trois ans pour la construction de 30 kilomètres sur 435. — C'est une entreprise condamnée, une œuvre prédestinée à l'avortement.

CHEMIN DE FER DU CONGO FRANÇAIS

Si le chemin de fer de l'État Indépendant ne doit pas être terminé, tout ce qui a été dit du rôle économique et de l'importance d'une voie reliant la côte au bassin intérieur du Congo, s'applique à une ligne concurrente. Point n'est besoin d'en discuter l'opportunité, sous réserve des possibilités d'exécution. Mais pour envisager toutes les hypothèses, il faut considérer le cas où, dans un délai plus ou moins reculé, deux lignes se trouveraient ouvertes.

En 1882, aucun transport ne s'effectuait entre le Haut-Congo et la côte. L'organisation des premières caravanes remonte à 1883. En dix ans, leurs effectifs se sont élevés à 6.000 porteurs par mois pour l'ensemble des routes de l'État Indépendant, sur les deux rives du fleuve, et à 1.500 pour la route française de Loango à Brazzaville. A la charge maximum de 30 kilog., le tonnage annuel total serait actuellement de 2.950 tonnes pour l'aller seulement. Il atteint au moins 2.500 tonnes, et avec les charges de retour, 3.000 tonnes, au prix moyen de 1.200 francs. Dès maintenant, la rémunération d'un capital de chemin de fer de 50 millions serait assurée, avec des tarifs fort élevés, mais inférieurs au fret du moment. Sans tabler sur la continuité d'une progression régulière du mouvement des dix dernières années, on voit qu'il n'y aurait rien d'anormal à ce que le tonnage des transports décuple en dix ans, et s'élève alors, après l'ouverture d'une voie ferrée, à 30.000 tonnes. Il est même hors de doute que ce chiffre sera dépassé dans ce délai et à cette condition, car la masse des produits naturels du Congo, caoutchouc, gomme, graines oléagineuses, bois d'ébénisterie et métaux, ne peut supporter les tarifs de caravanes. On entrevoit donc la possibilité d'une rémunération d'avenir pour une double ligne, encore qu'il s'agisse d'un avenir fort éloigné.

Mais ce n'est pas par le partage du trafic qu'une ligne concurrente à la ligne de l'État Indépendant se trouverait appelée à vivre. Elle absorberait, en réalité, la presque totalité du trafic commercial.

En effet, la ligne à créer serait celle de Loango à Brazzaville, dont le développement ne paraît pas, en raison de la nature favorable du terrain, devoir excéder notablement 500 kilomètres contre 435 kilomètres pour la ligne de l'État, qui aboutit à 200 kilomètres de la mer. Du seul fait de la navigation dans l'estuaire du Congo, le gain sur la durée des transports s'élèverait à près de deux jours. Une plus grande vitesse de marche se trouvant d'autre part réalisable sur la voie française par suite du relief inférieur des accidents de terrains, ce gain de deux jours est un minimum. L'absorption du trafic ne serait qu'une question de guerre de tarifs. Et en étudiant l'économie du projet développé ci-dessous, on voit que les richesses naturelles de la région traversée par la voie française lui assureraient sur place des transports considérables qui feraient défaut à l'autre ligne ; on verra plus loin que ces richesses naturelles permettent de doter l'entreprise dans des conditions telles qu'une guerre de tarifs lui serait incomparablement plus facile qu'à sa rivale.

Quand bien même le chemin de fer de l'État Indépendant devrait s'achever par la suite des temps, le chemin de fer du territoire français absorberait pour la presque totalité les transports de la côte au Congo.

1. — LE NIARI. VOIE FLUVIALE OU VOIE FERRÉE

Deux projets sont à envisager pour la création d'une voie de communication entre la côte et le Congo, sur le territoire français : celui d'une voie ferrée directe et celui d'une voie mixte, partie fluviale, partie ferrée, par laquelle la durée du trajet serait notablement plus longue, mais dont le prix de revient se trouverait considérablement abaissé.

Dans la région intermédiaire entre le Congo et la côte, sur le territoire français, les plateaux intérieurs s'étalent plus largement que sur le territoire de l'État Indépendant, au sud du fleuve. Les altitudes sont équivalentes, mais les accidents du sol sont moins confus et moins accusés. Dans son ensemble, la région présente l'aspect d'un terrain d'érosion, dominé par des centres orographiques discontinus à l'intérieur, et par des rides de relèvement vers la côte. Cette terrasse est creusée, sur une direction qui se confond sensiblement avec la ligne directe de Loango à Brazzaville, par la vallée d'un fleuve côtier, le Niari-Kouilliou.

Au delà d'une barre d'embouchure, praticable aux bâtiments calant moins de 2 mètres et que franchissent couramment les vapeurs de 100 tonneaux qui desservent les factoreries du bas fleuve, le Kouilliou devient navigable pour tout tonnage jusqu'à Kakamoeka, à 75 kilomètres de la côte. Là commencent des rapides qui obstruent son cours pendant 12 kilomètres, de Kakamoeka à Koussounda. En amont de ce point, où se trouve une chute de 2 mètres, le fleuve, qui prend alors le nom de Niari, coule pendant 1.200 mètres dans une gorge profonde, large au niveau de l'eau de 25 à 40 mètres et dont les sommets à la cote de 260 mètres, sont distants l'un de l'autre de 250 mètres. Au-dessus de la gorge, le Niari présente encore plusieurs rapides jusqu'à Makabana, sur un développement de 60 kilomètres et quelques autres, d'importance secondaire, jusqu'à Zilé-Ngoma. A partir de ce point, le lit n'est plus obstrué qu'aux basses eaux par des bancs de graviers, et par quelques rochers, laissant partout une passe continue jusqu'au coude du confluent de la Likoni, à 100 kilomètres de Brazzaville. Dans cette dernière section, longue de 300 kilomètres environ, la navigation est partout possible aux hautes eaux pendant six mois de l'année.

Dès 1887, le gouvernement du Congo français avait fait commencer l'étude d'une voie de communication entre la côte et le Stanley-Pool. Les études exécutées sous la direction d'un ingénieur civil des Ponts et Chaussées, attaché aux chemins de fer de l'Etat, M. Jacob, conduisirent à l'établissement d'un programme de travaux destinés à rendre le Niari navigable depuis la gorge de Koussounda.

Elles portèrent successivement et à des époques différentes sur la barre d'embouchure ; sur la région des rapides, en aval et en amont de Koussounda ; sur le cours du fleuve en amont de ces rapides principaux, depuis Makabana.

La question de la barre a donné lieu au rapport suivant de M. M. Dolisie (15 octobre 1890) :

« La barre du Kouilliou jouit, à mon avis, d'une fausse réputation. On la dit infranchissable. J'ai été aux renseignements auprès de commerçants établis depuis très longtemps au Kouilliou, et le résultat de mon enquête est celui-ci : Si le passage de la barre du Kouilliou offre un danger pour les pirogues ou les embarcations trop légères, il peut parfaitement être exécuté par des bateaux d'un certain tonnage, à fond plat et possédant une vitesse suffisante pour n'être pas entraînés quand la barre les prend par l'arrière.

« *Le Tornado*, de la maison Daumas, Lartigue et Cⁱᵉ, — 60 tonneaux — passait la barre il y a huit ans, pour ravitailler une succursale de la maison établie dans le Kouilliou.

« La maison allemande ravitaillait sa succursale de Tchilibé avec son bateau à vapeur le *Pongoué*, qui faisait un service régulier entre le Gabon et le Kouilliou.

« M. Cordier, commandant du *Sagittaire*, franchit à plusieurs reprises la barre, avec le canot à vapeur du bord.

« Le *Castor*, chaloupe à vapeur de la Compagnie hollandaise, a très souvent passé la barre. M. Hamerfeldt, gérant de la factorerie hollandaise du Kouilliou, dit avoir souvent sondé et trouvé 11 pieds d'eau dans les endroits les moins profonds...

« Avec de bons pilotes on pourrait éviter les transbordements. Le pilotage est nécessaire à l'époque de la *calème*, qui correspond avec la saison sèche et pendant laquelle les vagues sont très fortes en se brisant sur la plage. »

De ces observations précises et de renseignements puisés à diverses sources, on peut conclure que la barre de Kouilliou est franchissable pour les vapeurs calant jusqu'à 2 mètres, et qu'avec un bon balisage elle deviendrait aisément praticable pour des tonnages plus forts. Au pis-aller et en vue d'éviter un transbordement ultérieur, la construction d'un wharf de débarquement de 60 mètres, donnant accès à la plage, fournirait une solution peu coûteuse pour l'entrée dans le fleuve. La barre de plage ne devient dure que pendant les deux mois de calème. Elle déferle presque sur le rivage par petit fond. En établissant le wharf à l'extrémité méridionale de la langue de sable, qui ferme en partie l'estuaire du fleuve, sur la rive sud, la longueur totale du trajet entre la tête du wharf et le point d'embarquement sur le fleuve n'excéderait pas 250 mètres. Les opérations entre la rade et le fleuve s'effectueraient ainsi dans des conditions analogues à celles qu'on rencontre sur un grand nombre de rades de la côte du Chili et de tout point comparables à celles qui existent au Dahomey pour le transit sur Porto-Novo par Kotonou, depuis la création du wharf, avec la différence résultant d'une longueur de wharf moindre et d'une tenue de mer notablement meilleure.

L'étude de la région des rapides en amont de Kakamoëka, terminus de la navigation libre, à 75 kilomètres de l'embouchure, a fourni les données suivantes à M. Jacob (rapport du 22 janvier 1888) :

« Avant la chute que les indigènes appellent Koussounda, il y a une première série de rapides. Entre Kakamoëka et le premier rapide, la distance est d'environ 6^k et la différence de niveau 2^m. Le lit du fleuve est à demi barré de distance en distance par des roches apparentes aux eaux basses et un peu aux eaux moyennes. La ligne des passes est très sinueuse. Dans l'état actuel, la navigation présenterait des dangers sérieux.

« Entre le premier rapide et la chute, la distance est de 6ᵏ et la différence de niveau de 6ᵐ ; la pente générale augmente dans de fortes proportions.

« Les rapides qui précèdent la chute pourraient, je crois, être supprimés.

« La hauteur de la chute mesurée le 10 octobre 1887 était de 2ᵐ39. — A partir de Koussounda, la région des rapides jusqu'à Makabana peut se diviser en cinq zones. Voici ce qu'on observe à l'époque des eaux moyennes :

« 1° Une première série de rapides entre la chute et le point 82. — Distance 8ᵏ5. DN = 10ᵐ.

« 2° La grande branche de Kitabi, sans rapides. D = 8ᵏ. DN = 2ᵐ50.

« 3° Une 2ᵉ série de rapides entre les points 107 et 158. D = 15ᵏ. DN = 11ᵐ50.

« 4° Un vaste espace sans rapides à berges plates, en partie surmersibles. D = 19ᵏ. DN = 7ᵐ50.

« 5° Enfin la dernière série de rapides D = 6ᵏ500. DN = 7 mètres.

« ... J'ai tout lieu de croire que la plupart des rapides que j'ai franchis sont formés plutôt par des étranglements du lit de la rivière, et par des roches isolées réduisant le débouché que par un surhaussement brusque et uniforme du sol. S'il en était ainsi partout, la suppression des rapides serait d'une exécution relativement facile. Quoi qu'il en soit, je suis absolument convaincu de la possibilité de rendre navigable la région des rapides par un simple déblai de roches dans le lit du fleuve. Si le moyen est reconnu insuffisant, après études aux basses eaux, on aura toujours la ressource d'un barrage à la chute. La disposition des lieux est extrêmement favorable à l'établissement d'un barrage. »

D'après un rapport en date du 28 août 1888, de M. de Chavannes, alors résident du Bas-Congo et du Niari, aujourd'hui gouverneur du Congo, c'est en effet un projet de barrage que M. Jacob se trouva amené à adopter par la suite des études.

« A Koussounda, dit M. de Chavannes, sur une longueur de 1.200 mètres environ, le fleuve, maintenu à une largeur variant de 25 à 40 mètres, coule entre deux montagnes rocheuses de 260 mètres de hauteur, dont les crêtes sont distantes l'une de l'autre de 250 mètres environ.

« De puissantes mines bien dirigées doivent suffire, au dire de M. Jacob, à jeter dans le fond du couloir, les matériaux nécessaires à construire le barrage,

« Dans la meilleure hypothèse, le barrage aurait de 20 à 22 mètres de hauteur et au pis-aller, pour couvrir les rapides d'amont extrême environ 35 mètres. L'épaisseur à donner ne serait en aucun cas un obstacle, étant données la longueur du couloir et la résistance de ses parois. La seule crainte de M. Jacob est de voir le fleuve, vu son faible débit aux eaux basses, et l'énorme pression due au rehaussement de son niveau, se frayer peu à peu un passage à travers les interstices des roches entassées sur le front et s'écouler par des fissures, sans se maintenir à hauteur du déversoir et par conséquent sans donner le niveau cherché.

« C'est une simple crainte, mais M. Jacob est très scrupuleux dans son travail et ne donnera jamais pour certain un résultat dont la valeur ne lui a pas été démontrée. »

Toutes les études de la région des rapides en aval et en amont de Koussounda ont été faites au tachéomètre, et au niveau à bulle d'air, avec 230 stations sur l'un et l'autre bord. Elles ont fourni la matière d'un projet détaillé, avec plan, croquis et devis estimatif envisageant deux cas, pour l'amont de Koussounda, les rapides d'aval devant et pouvant de toute façon être aménagés. Dans le premier cas, qui vise l'aménagement éventuel des derniers rapides d'amont, le plan d'eau serait relevé de 22 mètres et de 33 mètres dans le second, de manière à couvrir les rapides extrêmes jusqu'à Makabana. Y compris les travaux d'aménagement et la construction du barrage par abatage des flancs de la gorge, la dépense s'élèverait, d'après les évaluations faites, à 1.200.000 francs dans la première hypothèse, et à 2.500.000 francs dans la seconde.

Ces dépenses seraient à compléter pour rendre la voie fluviale utilisable, sans discontinuité, par l'établissement d'un procédé de transport du bief inférieur au bief supérieur, sur le travers du barrage, la force motrice étant fournie sur place par la chute.

En amont de Makabana, des études détaillées ont été effectuées de 1887 à 1889 par M. le capitaine Pleigneur, MM. Dolisie, Chollet et Letellier. Elles s'étendent jusqu'au delà du confluent de la Loukoni, point à partir duquel la direction du Niari, qui vient du nord, cesse d'être celle de la route de Brazzaville.

« Entre Makabana et Zilé-N'goma, dit M. Michel Dolisie (rapport du 26 février 1889 sur la reconnaissance du Niari), on rencontre d'abord quelques hauts-fonds de roches qui laissent tous un passage suffisant à l'eau, puis une série de trois rapides... dont le premier a l'aspect d'une petite chute (sur un espace de 50 mètres la différence de niveau est de 0^m70). La différence de niveau entre les points extrêmes est de 1^m03. Ces différences de niveau ont été déterminées au tachéomètre.

« ...Dans ces trois rapides, il existe une passe profonde dans laquelle je crois qu'un bateau disposant d'une vitesse assez grande et conduit par une main habile, pourrait passer... »

Plus loin se trouve un autre rapide avec chute de 1 mètre à 1^{m}25, sauf dans une passe peu profonde de 15 à 20 mètres de largeur. « La rivière est en quelque sorte barrée par les roches. Quand ces roches seront submergées, il y aura certainement de forts tourbillons et des bouillonnements. »

« A partir de Zilé-N'goma, on trouve assez fréquemment des hauts-fonds de graviers. Un seul, celui qui se trouve le plus rapproché de Loudima, m'a paru devoir être absolument impraticable aux eaux basses. A la pointe en amont de l'île qui partage en cet endroit le fleuve en deux bras, le Niari coule pendant quelques centaines de mètres sur un plan incliné. La profondeur est de 0^{m}50 à 0^{m}60, et la différence de niveau à l'estime de 0^{m}50 à 0^{m}60.

« La plus grande partie des hauts-fonds que j'ai rencontrés en amont de Loudima se présentent de la même façon que le précédent, c'est-à-dire que l'eau semble glisser pendant un certain parcours sur une pente bien marquée. Ils se trouvent presque tous, à l'exception de deux ou trois, à la tête d'amont d'une île... »

« Indépendamment des hauts-fonds de graviers, j'ai constaté en amont de Loudima un certain nombre de points où les roches forment ou peuvent former de petits rapides... Je crois qu'il ne faut pas s'en préoccuper outre mesure. Le travail qu'il y aurait à faire serait de peu d'importance, comparé à celui qu'il faudrait faire plus bas pour arranger les passes ou faire disparaître en tout ou en partie les roches... »

« Le niveau de l'eau s'élève à la fin du premier mois de la saison des pluies, en aval de Loudima, de 2 mètres environ, et en amont de 1^{m}50 à 1^{m}75. La différence entre les plus basses et les plus hautes eaux doit être de 4 mètres à 4^{m}50 en aval de Loudima et de 3 à 4 mètres en amont.

« En résumé, je crois qu'il est absolument impossible de naviguer dans le haut Niari pendant les basses eaux. Aux eaux moyennes, c'est-à-dire pendant presque toute la saison des pluies et une petite partie de la saison sèche, je crois que les hauts-fonds seront suffisamment couverts par les eaux pour laisser le passage libre à des bateaux calant peu. »

En descendant le Niari de Loudima à Makabana, en mai, c'est-à-dire pendant la période des eaux moyennes, M. Chollet, qui doit être également considéré comme un bon observateur, n'a pas trouvé de difficultés graves jusqu'à la région des rapides qui, suivant le projet Jacob, seraient couverts par le relèvement du plan d'eau. Il ne signale comme notables que les obstacles suivants situés en aval de Zilé-N'goma, qu'il a tous franchis en pirogue jusqu'à la hauteur de ce point : « 1er rapide : un banc de rochers dont quelques-uns seulement émergent. Il tient le milieu du fleuve, sa largeur est de 200 mètres. Il peut se passer facilement.

« A 5 kilomètres (en aval), un 2e rapide, long de 500 mètres, plus difficile parce que, immédiatement après, la rivière fait un coude. Il faudrait, pour faciliter le passage, enlever des arbres coulés au milieu du chenal.

« A 4 kilomètres (en aval), deux promontoires de rochers entassés, élevés de 1m50 à 2 mètres au-dessus du fleuve, larges de 25 à 30 mètres et ne laissant entre eux qu'un passage de 15 mètres de large et de 10 mètres de long où se forment deux tourbillons dangereux. »

Après avoir mentionné quelques petits rapides de moindre importance, M. Chollet ajoute, en parlant des premiers : « Les deux premiers rapides sont faciles à améliorer en enlevant des arbres coulés. Pour le troisième, il suffirait peut-être de dégager le chenal par un système de digues. Les deux promontoires qui forment le tourbillon sont faciles à déplacer, e., l'un d'eux enlevé, il n'y aurait plus aucun risque. En l'état, une chaloupe pourrait remonter. »

En même temps que M. Chollet effectuait la reconnaissance du Niari, entre Loudima et Koussounda, un autre agent du Congo français, M. Letellier, reconnaissait le fleuve entre Bouenza et Loudima, dans la section remontée depuis par M. Dolisie. Comme M. Chollet, M. Letellier a fait toute sa reconnaissance en pirogue.

Il en résume ainsi les résultats :

« En dépit des basses eaux, il existe une passe qui ne me paraît pas avoir de solution de continuité, si je me fie aux fréquents sondages faits en route. Cette passe doit être parfaitement praticable pour une petite chaloupe. La principale difficulté se rencontrerait aux abords de Loudima, dans une boucle que fait le Niari. Cette boucle est encombrée d'îlots. La passe à chercher au milieu des hauts-fonds est tellement sinueuse et étroite qu'il faudrait amender le lit du fleuve en cet endroit pour le rendre sérieusement praticable. »

En transmettant ces rapports au commissaire général du Congo, M. de Chavannes écrivait de Brazzaville le 20 août 1887 :

« La conclusion à tirer du rapport de M. Chollet et d'une lettre privée que M. le capitaine Pleigneur m'adressait du Bas-Kouilliou, permet d'espérer un heureux résultat des travaux d'aménagement qui seraient entrepris pour rendre pratique la navigation du Niari.

« J'espère, monsieur le Commissaire général, que vous voudrez bien, comme moi, estimer qu'une voie de communication par le Niari mérite qu'on lui consacre plus qu'une attention ordinaire. »

Telle est, en effet, la conclusion à retenir de l'ensemble des travaux extrêmement remarquables entrepris pour l'étude du Niari, dont les reconnaissances de 1887 furent le prélude et que termina, en 1889, le projet Jacob. En admettant que ce projet soit entièrement réalisable, la montée du Niari pourrait s'effectuer après un transbordement, par eau ou par terre, en deçà de la barre, sans autre transbordement, avec des chalands remorqués et élevés d'un bief à l'autre sur le travers du barrage de Koussounda, jusqu'à 100 kilomètres du Congo, pendant plus de six mois de l'année, peut-être pendant toute l'année, après aménagement des hauts-fonds, en amont de Makabana. Il ne resterait, pour atteindre le Congo, qu'à construire 100 kilomètres de voie ferrée. Non compris la construction de cette section, le coût total des travaux s'élèverait de 3 à 5 millions, d'après les évaluations mentionnées ci-dessus. Assurément les transports ne s'effectueraient pas dans des conditions très avantageuses au point de vue de la rapidité et en raison du double transbordement nécessaire, en rade du Kouilliou et au terminus de la voie fluviale.

Il faut tenir compte aussi des inconvénients d'interruptions annuelles dans la navigation du fleuve, en remarquant cependant que la navigation du Sénégal entre Saint-Louis et Kayes, soumise au même régime, n'en atteint pas moins un tonnage de 16.000 tonnes, qui s'élève au gré des besoins. Quoi qu'il en soit, le coût de l'entreprise serait de nature à la rendre extrêmement séduisante, si elle est en effet réalisable. Il est à noter, à cet égard, que l'utilisation du Niari comme voie de pénétration au Congo a fait, en 1890, sur le vu des études, l'objet d'une première convention qui n'a pas été mise à exécution, il est vrai, mais dont l'abandon a été motivé par diverses causes étrangères aux considérations d'ordre technique. Sans se prononcer sur l'avenir actuel du projet, il n'est pas douteux qu'il mérite d'être examiné d'une façon décisive.

En admettant que le Niari ne puisse être utilisé comme voie de pénétration, il reste du moins acquis qu'il pourrait être utilisé comme voie de communication intermédiaire et provisoire sur la section de son cours comprise entre Loudima et le Loukoni, c'est-à-dire sur plus de 200 kilomètres, point à retenir dans l'examen d'une seconde hypothèse, celle de la création d'une voie ferrée directe de la côte au Congo.

II. — CHEMIN DE FER

Commencées en 1887, les études de la voie ferrée n'ont pas été poussées aussi loin que celles de la voie fluviale, celle-ci ayant été préférée, comme plus facile et moins coûteuse à exécuter, par le gouvernement de la colonie.

Deux baies, celles de Loango et de Pointe-Noire, peuvent être indifféremment choisies comme point de départ. Ouvertes au nord-ouest, elles sont abritées des vents régnants par les pointes qui les ferment au sud, et se prolongent, à l'extérieur vers le nord, par un banc de roches sous-marines, accentué surtout à la Pointe Indienne de Loango. Actuellement, les débarquements s'effectuent par le fond de la baie, où la plage est séparée de la terre par une lagune et les navires mouillent à plus d'un mille. La seule construction sur le banc extérieur d'une jetée, par fonds de 5 à 10 mètres, sans permettre l'accostage à quai, donnerait toutes les facilités de débarquement nécessaires. La rade est pratiquée régulièrement par les bâtiments de la Compagnie Fraissinet, de la Compagnie des Chargeurs, de la ligne Woërmann de Hambourg et de la British African Line. Quel que puisse devenir le mouvement du port, la protection d'une simple jetée suffirait. En effet, la tenue de la rade est excellente ; seuls les débarquements à la plage deviennent difficiles par les vents du nord-ouest.

Suivant l'axe des pointes, le sol s'élève progressivement jusqu'au niveau d'un plateau côtier qui se dresse en falaise au fond des baies.

Ce plateau, légèrement ondulé, et à l'altitude moyenne de 100 mètres, s'étend sur une largeur de 50 kilomètres, sans autres accidents que quelques petits ravinements et des vallonnements à pentes douces, peu profonds. Le terrain est de consistance moyenne, sablonneux près de la mer, plus compact vers l'intérieur, où affleurent des grès et des schistes argileux. Dans toute cette section de 50 kilomètres, la construction de la voie sera très facile

Au delà commence la forêt du Mayombe, dont l'épaisseur à vol d'oiseau atteint 60 kilomètres. Elle couvre les rides de soulèvement qui marquent l'extrémité des plateaux intérieurs. Ces rides forment un double système de crêtes dans la partie septentrionale de la forêt et se réduisent au contraire à une seule chaîne vers son extrémité méridionale, à en juger par les données de sept itinéraires transversaux. Sur le versant oriental, les altitudes dépassent 700 mètres. Des quartzites et des granits, affleurant dans les fonds des vallées et aux crêtes, forment l'ossature du massif, avec une couverture de schistes argileux, qui, lavés superficiellement, donnent l'impression d'un dépôt argileux, mais deviennent durs sous la croûte de surface. Nulle part, on ne trouve d'argile en bancs dans les coupes des ravinements.

La traversée du Mayombe présentera des difficultés notables. Les études y seront fort délicates. Chargé tout d'abord de déterminer un tracé de route, M. Jacob s'exprimait ainsi à ce sujet (14 novembre 1887) :

« La forêt de Mayombe forme entre la côte et les vallées supérieures une barrière telle qu'une bonne route, la franchissant directement, est une entreprise considérable, qui dépasse de beaucoup, à tous les points de vue, les moyens d'action dont peut disposer actuellement la colonie. Dans cet ordre d'idées, je ne considère comme possible que l'utilisation des chemins indigènes.

« ... Il n'est pas impossible qu'il existe, cachés sous les lianes et les arbres, des mouvements de terrain se prêtant au développement d'une ligne de chemin de fer et quelques cols praticables... Le tout est de les trouver en pleine forêt vierge où l'on ne voit pas grand'chose à dix pas devant soi, et où l'on ne rencontre que de rares sentiers. Autant chercher une aiguille dans une botte de foin, et cela sans même la certitude qu'elle y soit. On s'exposerait à de longs tâtonnements improductifs. »

La méthode suivie pour les études faites dans le Mayombe ne répondait pas, en effet, aux nécessités locales. Sous ces futaies gigantesques, au milieu d'un lacis inextricable du sous-bois, il est impossible de débuter par des cheminements pour déterminer un tracé de route ou de voie quelconque. Mais en débrouillant l'orographie générale par des stationnements en sommets, il devient relativement facile de reconnaître la direction générale à suivre et en procédant ainsi de point en point suivant cette direction, de choisir entre les variantes de tracé.

Toute étude du Mayombe devra être précédée d'une reconnaissance de la ligne des crêtes extérieures. C'est alors seulement qu'on pourra arrêter les cheminements à entreprendre. Ceux-ci ne pourront s'effectuer sans travaux d'abatis. Ils seront longs et onéreux, mais ne présenteront pas les aléas qu'on avait signalés comme inévitables.

Si les études de la traversée du Mayombe nécessitent ainsi des dispositions spéciales, la traversée elle-même ne paraît pas devoir être aussi difficile qu'on pourrait le supposer au premier abord. Une solution s'offre en tout cas.

« Si l'obstacle fourni par la chaîne des montagnes du Mayombe, dit M. Jacob, ne peut pas être facilement franchi, il peut être tourné d'une façon très sûre et sans sortir, je crois, des difficultés moyennes. C'est la coupure du Kouilliou qui offre un passage tout indiqué.

« Mon premier voyage entre N'Gotou et Kitabi m'avait convaincu de la possibilité de trouver un passage dans cette région. L'abaissement très accentué des montagnes au voisinage des fleuves ne me laissait aucun doute à cet égard. » Et, en effet, M. Jacob conclut en faveur d'un tracé qui, suivant le cours du fleuve jusqu'au mont Soussou, tournerait ce sommet dont le point culminant est à la cote 400, pour se rabattre par un grand coude vers le haut Niari, sans autre obstacle que la traversée de quelques rivières, et en suivant la plupart du temps des plateaux moyennement élevés et complètement découverts.

A défaut d'autre, cette solution pourrait être admissible. Mais en acceptant le principe de la traversée en crémaillère ou en petit tunnel de la ligne des crêtes, il ne sera pas nécessaire de faire un aussi long détour. Sur la direction de la route même des caravanes, qui, suivant la méthode indigène, aborde les hauteurs par la ligne de plus grande pente, on pourrait passer en crémaillère dans les conditions normales qu'implique ce procédé. Il paraît probable qu'en longeant la Loémé, dont la vallée suit presque la ligne directe de Loango à Loudima, on n'aurait à traverser qu'une seule chaîne, s'élevant à la cote 700, mais peu épaisse et qui serait franchissable soit en crémaillère, soit en tunnel. De l'allure générale du terrain on peut déduire qu'en réalité, la reconnaissance complète de la ligne des crêtes fournira un tracé satisfaisant, par un point de passage inférieur à la cote 500, peut-être à la cote 400.

Il est certain, cependant, que la traversée du Mayombe présentera des difficultés sérieuses. Ce sera le gros obstacle à vaincre. Mais son importance n'est pas, à beaucoup près, comparable à celle des obstacles qu'aurait encore à franchir la ligne de l'Etat Indépendant dans sa partie centrale. Relativement, le choix et l'étude du tracé seront plus pénibles que la construction même de la voie.

En l'état actuel, il semble qu'à la sortie de Mayombe la voie doive se diriger sur Loudima, au commencement de la section droite du Niari. A vol d'oiseau, la distance est d'environ 60 kilomètres. Toute cette région présente l'aspect d'un plateau d'érosion moyennement accidenté, sans grands reliefs, ni grande dépression, ni grandes plaines. Les roches, quartzites et grès siliceux, recouverts par places de schistes argileux, affleurent peu. Elles forment souvent un cailloutis qui donne une bonne consistance au sol superficiel.

Dans cette section, le choix du tracé semble aisé, et la principale difficulté, pour la construction de la voie au cas du passage à Loudima, consistera dans l'établissement d'un pont de 50 mètres sur la rivière du même nom. Mais il serait possible que la traversée de la rivière s'effectue en amont, dans le cas où le tracé dans le Mayombe emprunterait la vallée de la Loémé. La direction générale de la voie se trouverait alors reportée au sud de Loudima, sur la route la plus courte vers Brazzaville, et la ligne traverserait ainsi le grand massif minier de Mboko-Songho à Mindouli, vers son axe.

Entre Loudima et Comba, la vaste plaine du Niari, qui n'est plus coupée que par quelques lignes de hauteurs parallèles à la direction à suivre, se prête dans de bonnes conditions au développement de la voie jusqu'à hauteur de Bouenza, sur 90 kilomètres à vol d'oiseau. On ne rencontre qu'un petit nombre de ravins peu profonds, et les collines peuvent se tourner sur la berge du fleuve ou vers l'intérieur, en abordant le plateau. Dans le cas d'un tracé s'écartant de la vallée, l'allure générale du sol est la même qu'entre le Mayombe et Loudima.

De la hauteur de Bouenza à Comba (60 kil. à vol d'oiseau), le terrain devient un peu plus accidenté par le développement des phénomènes d'érosion, qui lui donnent un aspect mamelonné. Mais il reste découvert et n'offre pas de reliefs importants. Soit le long du fleuve, soit de préférence vers l'intérieur, la détermination d'un tracé n'abordant pas les chaînes de collines et contournant sans coudes trop étendus les hauteurs isolées, pourra se faire rapidement si les études couvrent une certaine surface. Dans cette dernière section, les ouvrages d'art, ponts et ponceaux, deviendront relativement plus nombreux qu'avant Comba, mais en restant de petites dimensions. Les grès anciens et les calcaires siliceux succèdent aux quartzites et aux schistes argileux. La nature du sol s'améliore. D'un prix de revient légèrement supérieur à celui de la partie comprise entre Mayombe et Bouenza, la construction de la voie se présentera cependant dans des conditions normales. Il n'est même pas impossible que l'étude détaillée des mouvements de terrain conduise à des conclusions sensiblement plus favorables.

De Comba à Brazzaville, sur 130 kilomètres, la région paraît tourmentée quand on suit la route des caravanes. Sur la première moitié du trajet, on aborde des plateaux sablonneux dont les sommets atteignent 600 mètres, et la situation reste la même que précédemment. Ces hauteurs ne constituant pas de massifs orographiques, mais provenant en général de l'érosion des plateaux en collines isolées, quoique rapprochées, la voie pourra circuler dans les vallées sans dépasser notablement l'altitude moyenne des thalwegs, 400 mètres environ. Dans la seconde moitié du trajet, les difficultés augmentent, au moins pour le choix du tracé. Entre le Gongo, le Djoué et la Foulakari, la zone d'affaissement des plateaux vers la vallée du Congo offre l'aspect d'un massif orographique de grès anciens, peu élevé, — 500 à 600 mètres, — mais à crêtes étroites, et découpé par des dépressions parfois encaissées. A la rigueur, le tracé pourrait suivre la route même des caravanes avec quelques lacets, sans que les difficultés de construction rappellent ni la partie médiane du chemin de fer de l'Etat Indépendant, ni même le Mayombe. Mais la solution resterait relativement coûteuse. Dans le cas où le tracé général se maintiendrait au sud du Niari, la direction à suivre est tout indiquée. C'est celle de la vallée de la Foulakari, qui, sur une longueur de 60 kilomètres à vol d'oiseau, coule entre des massifs montagneux dont les contreforts s'abaissent presque partout graduellement jusqu'à la rivière. Quand on se trouve sur une hauteur, à l'un des changements de la direction générale du cours d'eau, on a en face de soi une large dépression reliée aux massifs environnants par des pentes faibles. Au point de vue des facilités de construction, le terrain serait comparable à celui de la région comprise entre la côte et le Mayombe. Mais on se trouverait rejeté ainsi à 50 kilomètres en aval de Brazzaville, et la zone intermédiaire est mouvementée. Peut-être vaudrait-il mieux se maintenir dans le bassin et près de la vallée du Djoué, d'autant qu'à certains égards le point d'arrivée sur le Stanley-Pool pourrait être reporté utilement, en amont, au point où commence l'élargissement du fleuve.

D'un examen rapide, il ne reste qu'une impression nette, celle même que formulait M. Jacob en 1887 : « Isolément, chaque obstacle m'a paru surmontable. Mais je n'ai pas pu dégager de l'ensemble, de grands mouvements de terrain permettant, comme dans la région précédente, d'indiquer d'avance une base fixe d'opérations. J'attends tout d'une étude plus attentive et plus précise, et je ne me dissimule pas qu'elle offre de sérieuses difficultés. » Telle est, en effet, la conclusion à retenir, car même sur la route des caravanes, il ne se rencontre nulle part d'accident de terrain comparable, même de loin, à ceux que devra franchir constamment le chemin de fer de l'Etat Indépendant. Le seul ouvrage d'art important, sur cette route, serait un pont de 60 mètres sur le Djoué. Comme dans la section précédente, les difficultés de construction seront relativement beaucoup moindres que les difficultés d'études, en raison de la nécessité de débrouiller minutieusement une orographie confuse malgré son faible relief.

Envisagée dans son ensemble, la voie ferrée de Loango au Stanley-Pool, bien que présentant un développement supérieur à celui de la ligne de l'Etat indépendant, est d'une exécution incomparablement plus facile. La distance à vol d'oiseau, en tenant compte des changements de directions ces sections, serait de 400 kilomètres entre les points extrêmes. Le développement total atteindra 500 kilomètres si on suit la vallée du Niari ; il pourrait être ramené à moins de 500 kilomètres dans le cas contraire. Mais dans deux régions seulement, et sur moins du cinquième du parcours, on rencontrera des difficultés notables. Encore les obstacles ne sont-ils ni dans le Mayombe, ni à l'arrivée au Congo, comparables à ceux qui se trouvent accumulés sur 250 kilomètres dans la partie centrale de la voie de l'Etat, longue elle-même de 435 kilomètres, sans parler du Palabala. Partout ailleurs les difficultés sont moyennes, quand il en existe, ce qui n'est pas le cas général. Encore ces difficultés paraissent-elles devoir être résolues pour la plupart, par les études.

A première vue le projet d'un chemin de fer du Congo par le territoire français, peut sembler anormal, en raison de la longueur moindre du trajet à vol d'oiseau par la rive gauche du fleuve. Mais la distance n'est pas le seul élément qui doive intervenir dans l'appréciation d'un projet de chemin de fer.

Il faut faire la part du terrain. C'est précisément parce que la région de Loango à Brazzaville est praticable, tandis que la rive gauche du Congo ne l'est pas, que le chemin de fer de l'État ne pourra être achevé, et que le chemin de fer du Congo français doit être entrepris. En apprenant la décision du congrès de Berlin qui attribuait le bassin du Niari à la France, le Roi Souverain de l'Etat Indépendant manifesta vivement ses regrets : « L'Etat, dit-il, perd le plus riche de ses domaines; on m'arrache le plus beau fleuron de ma couronne. » Parole à méditer et où se retrouve cette conviction que le bassin du Niari est la véritable route du Congo.

LA MAIN D'ŒUVRE

On a vu que la question de la main-d'œuvre est pour le chemin de fer de l'Etat Indépendant d'une extrême gravité. Tout au contraire, le recrutement des travailleurs se ferait dans les meilleures conditions pour le chemin de fer du Congo français.

Le rapport du Conseil d'administration du chemin de fer de l'État, en date du 18 janvier 1893, constate que les indigènes des territoires de l'Etat, ne peuvent fournir aucun contingent. Au Congo français, au contraire, on dispose de ressources presque illimitées dans la région située au nord de l'Ogoué. Les Pahouins, qui occupent tout le pays compris entre ce fleuve et la frontière allemande du Cameroun, forment une population pauvre, énergique, qui s'efforce par tous les moyens d'améliorer ses conditions misérables d'existence matérielle. Depuis plusieurs années, le gouvernement de la colonie emploie avec un entier succès, pour les travaux du chef-lieu, des travailleurs pris dans leurs peuplades, et l'offre incessante dépasse de beaucoup la demande, puisque le Service des travaux a constamment de 100 à 150 Pahouins, et qu'il en a engagé naguère plusieurs centaines pour des terrassements en marais. Robustes, actifs, les Pahouins sont des bûcherons hors ligne et des terrassiers de valeur moyenne. Bien dirigés et bien traités, ils peuvent rendre les mêmes services que les nègres de toutes autres races et acceptent des prix très inférieurs. Le Service des travaux les paye 0 fr. 50 par jour outre la nourriture, soit 0 fr. 75. — Pour 1 franc ou 1 fr. 50, il serait aisé d'en recruter 2 ou 3,000, en engagements d'un an, au Gabon et dans le bas Ogoué, et après une première expérience, conduite de manière à éviter les sujets de mécontentement, davantage encore.

Au Dahomey, sur la côte d'Ivoire, au Sénégal, où le recrutement est interdit à l'entreprise belge, les ressources sont également considérables. — Des doutes pourraient exister en ce qui concerne le Dahomey, où récemment, le corps expéditionnaire a manqué de porteurs. Mais les convois en avaient compris tout d'abord plus de 3.000, et si des désertions nombreuses se sont produites, si peu à peu le service du portage s'est trouvé désorganisé, c'est que des considérations d'ordre politique, avaient conduit à effectuer tous les payements entre les mains de Toffa, le roi de Porto-Novo, en vue d'assurer le recrutement. N'étant eux-mêmes ni payés ni nourris, les indigènes ont cessé de porter. Dans des conditions normales, il n'est pas douteux que les Dahoméens puissent fournir une moyenne de 1.000 à 1.500 travailleurs au prix fort de 1 fr. 50, par engagements de 1 an à 18 mois.

A Grand-Bassam, les engagements ne seraient sans doute pas aussi nombreux. Il ne semble pas que notre colonie de la côte d'Ivoire puisse fournir régulièrement plus de 500 travailleurs. Mais c'est de cette partie de la côte que proviennent les Kroomen, les meilleurs ouvriers de l'Afrique tropicale, et les relations de notre colonie avec les pays voisins en faciliteraient le recrutement.

Au Sénégal, les ressources immédiatement disponibles sont considérables. Il résulte de pourparlers entamés avec le gouvernement local, que sous réserve de l'approbation du Département des colonies, le pays pourrait mettre d'une façon continue à la disposition du chemin de fer du Congo français de 3 à 4.000 travailleurs, payés de 1 fr. 50 à 2 francs par jour, en engagements de 18 mois. Il suffirait pour cela, de traiter non avec les indigènes isolément, mais avec les chefs des pays de protectorat, Cayor, Diambour, Baol, Djoloff, Sine, Saloum et Rip, et avec ceux de la Cazamance, sur le pied d'un partage de la solde. Les chefs de provinces, cantons ou villages suivant les cas, recevaient annuellement un tiers de la paye, le reste revenant aux travailleurs.

Il ne paraît pas que lors de la construction de Dakar-Saint Louis, on se soit beaucoup loué des services rendus par la main-d'œuvre locale. Mais depuis, la création même du chemin de fer a réalisé de très grands progrès, qui se trouvent caractérisés par ce fait que presque tout le personnel des mécaniciens et chauffeurs, la plupart des ouvriers charpentiers, forgerons, mécaniciens, et tous les hommes d'équipes, sont pris sur place, dans la population indigène. Aussi le rapport précité du 18 janvier 1893, constate-t-il les bons services que les Sénégalais rendaient sur la voie de l'Etat, ayant déjà travaillé.

L'importance d'un recrutement abondant au Sénégal, sera d'autant plus grande qu'il pourra fournir des équipes constituées. On trouverait aisément, en permanence, à condition de les payer de 5 à 8 francs par jour, une cinquantaine de chefs d'équipe, capables de diriger sans surveillance constante, une cinquantaine d'ouvriers. Un des charpentiers du Service des travaux du Gabon, payé 200 francs par mois, a été ainsi chargé en 1893, de construire, sans surveillance ni direction sur place, une maison démontable de 40 mètres de façade avec piliers en briques de 2 mètres, et il s'est acquitté très convenablement de cette tâche. Le nombre des ouvriers sénégalais capables de rendre de tels services n'est pas considérable. Mais les mêmes aptitudes ne sont pas nécessaires pour diriger des terrassements ou une pose de voie, que pour faire, somme toute, œuvre d'architecte.

Les colonies anglaises ont comme les colonies françaises interdit le recrutement pour l'État Indépendant, après constatation des mauvais traitements infligés aux engagés. Il va de soi que cette interdiction motivée ne saurait s'étendre à une entreprise française, et les contingents que peuvent fournir les possessions britanniques de la côte occidentale sont importants. Avant l'adoption des mesures prohibitives prises contre elle, la Compagnie belge avait en service, à la fin de 1891, 1.621 travailleurs d'Accra, Sierra-Leone, Lagos, Bathurst et Kroomen. Sur ce nombre 790 provenaient de Sierra-Leone, et c'est à la suite de la révolte de 300 d'entre eux, le 15 décembre 1891, que les engagements cessèrent d'être autorisés.

Enfin, dès le début, la Compagnie du chemin de l'État s'est vu fermer les colonies portugaises de la côte occidentale où la Compagnie du chemin de fer français se trouverait au contraire assurée d'un concours empressé. Il existe en effet une complète communauté d'intérêts et de vues entre la France et le Portugal dans la région du Congo. C'est grâce à l'intervention de la France que le Portugal, auquel a été enlevée une partie de l'estuaire du fleuve, n'a pas perdu l'enclave de Cabinda et Landana, au nord. Évincé du bassin intérieur le Portugal cherche à accéder au bassin supérieur des affluents de la rive droite, à la vallée du haut Kouango, notamment, vers le Kassaï. Dans ce but le gouvernement de la colonie d'Angola a entrepris la construction d'un chemin de fer de pénétration de Saint-Paul de Loanda à Ambacca. Déjà ouvert sur 285 kilomètres cette voie ne pourra se développer vers le Haut-Kassaï qu'autant que la situation des Belges se trouverait compromise et en aucun cas, il ne peut y avoir de concurrence entre une ligne de communications aboutissant au Congo même par le territoire français et une ligne qui atteindrait un de ses affluents méridionaux à six degrés plus au sud. Aussi bien l'extrême animosité dont la colonie d'Angola fait preuve à l'égard de l'État Indépendant, est-elle un sûr garant de son attitude envers l'entreprise française, indépendamment de tout autre motif de nature à justifier cette affirmation, que le recrutement des travailleurs pour la voie française serait largement facilité chez les Portugais.

Cette situation est d'autant plus favorable que tous les travailleurs du chemin de fer d'Ambacca ont été recrutés sur place. On trouverait donc des éléments déjà préparés au travail à entreprendre non seulement dans la population noire, mais même parmi la population blanche, très nombreuse, acclimatée et besogneuse. A Mossamédès seulement, il y avait à la fin de 1892 environ 500 ouvriers et artisans sans travail, qui, ayant émigré en vue d'une tentative de colonisation des hauts plateaux, se sont trouvés sans ressources par l'avortement de cette entreprise. Non seulement les Portugais de l'Angola pourront fournir une main-d'œuvre blanche acclimatée, mais l'aptitude de leur nation à l'exercice de l'autorité de la race noire, les prépare admirablement à la direction des chantiers. Comme au Sénégal et dans des conditions plus avantageuses, on pourra recruter dans l'Angola des équipes constituées, avec des chefs qui, les ayant organisées et recrutées eux-mêmes, seront presque des entrepreneurs.

En tenant compte de l'ensemble des éléments auxquels on pourra faire appel, on voit que les difficultés de recrutement de la main-d'œuvre, si graves pour le chemin de fer de l'Etat, n'existeront pas pour la voie française. Jusqu'à concurrence d'un contingent permanent supérieur à 6.000 hommes, la côte occidentale d'Afrique offre toutes les ressources nécessaires.

CONDITIONS FINANCIÈRES.

A dire vrai la seule cause d'hésitations dans l'entreprise projetée, tiendrait à l'importance du capital à engager. Si la voie de communication devait emprunter le Niari, conformément au projet Jacob, la dépense n'excéderait pas 20 millions et descendrait peut-être à 15. En ce cas, les hésitations n'auraient pas de raison d'être. Si au contraire il s'agit de créer une voie ferrée directe de la côte au Congo, soit immédiatement, soit en admettant tout d'abord l'emploi provisoire d'une section fluviale intermédiaire, la dépense totale me paraît pas à première vue devoir être sensiblement inférieure à 50 millions. Elle pourra être plus élevée en raison des conditions climatériques et locales. La difficulté de constituer un tel capital doit évidemment suggérer des doutes sur la possibilité d'aboutir.

Il n'y aurait pas d'objection si l'on pouvait escompter une garantie d'intérêt ou le remboursement par l'Etat de tout ou partie des travaux, comme c'est le cas pour le chemin de fer portugais d'Ambacca. La Compagnie de construction touche 105.000 francs par kilomètre mis en exploitation.

Mais prendre comme point de départ d'un projet de voie de communications entre la côte et le Congo, l'hypothèse d'une garantie d'intérêts ou d'un remboursement, eût été rendre la combinaison irréalisable. C'est précisément parce que la convention conclue antérieurement admettait l'affectation d'une partie des revenus de la colonie à la garantie et au remboursement des dépenses, l'intervention de l'Etat étant hors de cause, que cette convention n'a pu être appliquée. Il fallait envisager un autre procédé pour assurer la compensation et la rémunération du capital de construction et la nouvelle convention conclue avec le gouvernement du Congo français est basée sur un principe qui, si les évaluations faites sont exactes, concilierait toutes les nécessités en présence. Ce principe est celui de l'affectation du domaine colonial dont la valeur latente est considérable et qui, mis en exploitation, est susceptible d'un énorme rendement, à l'exécution de l'entreprise.

COMPENSATION ET RÉMUNÉRATION DU CAPITAL

La convention assure comme minimum d'avantage, à la Compagnie concessionnaire de la construction du chemin de fer et de son exploitation, à charge pour elle de restituer la ligne à la colonie sans rachat, au bout de soixante ans, la concession de l'ensemble des mines, forêts et terres, des bassins du Niari et des autres fleuves côtiers, mis en exploitation par la Compagnie, ou pour son compte dans un délai de soixante-cinq ans.

Pour apprécier la valeur de ce contrat, qui doit servir de base à tout arrangement ultérieur et qui garantit seulement un minimum d'avantages et de rétributions, il convient d'envisager successivement les privilèges réservés à la Compagnie.

MINES.

Entre le Congo et la côte, d'une part, la frontière méridionale du Congo français et l'Ogoué de l'autre, s'étend un vaste district minier, jalonné par un certain nombre d'exploitations indigènes. Outre le fer, les métaux exploités par les indigènes sont le cuivre et le plomb, dont les minerais, facilement réductibles, sont très riches. Divers indices donnent lieu de croire que l'argent dont on trouve des traces dans le métal indigène, peut exister dans des conditions d'exploitation productive. Mais, en mentionnant que l'analyse d'un échantillon recueilli au cours d'une exploration déjà ancienne et dont la provenance exacte n'a pu être constatée, aurait donné un rendement d'argent supérieur à 50 0/0, il faut ajouter que l'état actuel des connaissances sur la région ne permet de se prononcer avec certitude qu'en ce qui concerne le cuivre et le plomb.

Les gisements miniers de ces deux métaux, actuellement en exploitation sur la rive gauche du Niari, sont ceux de M'Boko-Songho, Liamba et Mindouli. Vers l'Est, on en a signalé jusque près du Congo, dans les environs de

Linzolo, en dehors du bassin du Niari ; mais leur existence n'a pas été dûment constatée de ce côté où ne se trouve en tout cas aucune exploitation.

M'Boko-Songho, près de la source de la Loudima et à 90 kilomètres du poste de ce nom, marque l'extrémité méridionale du bassin, à quelque distance de la frontière de la colonie. L'étage des grès rouges qui le limite commence à la frontière même.

Les mines de M'Boko-Songho ont été maintes fois visitées et décrites, notamment par M. Destrain, pour le compte de l'ancienne Association Internationale, avant la fondation de l'État Indépendant, par M. le capitaine Pleigneur, qui, en 1887, a fait le levé de la région, et par M. Dupont, directeur du Muséum de Bruxelles, et que le gouvernement belge avait envoyé au Congo pour en étudier la géologie.

« Les minières, dit M. Dupont (*Lettres sur le Congo*, Bruxelles, 1889, p. 336), sont au nombre de trois. Elles portent les noms de Songoudi-Misombo, Songho et Paka-Zongolo, toutes les trois situées dans la plaine de M'Boko-Songho, ou « source du cuivre ».

« La mine de Songoudi-Misombo éventre l'un des tertres qui parsèment la plaine. Elle a environ cinquante mètres sur quarante, et une profondeur variant de 4 à 6 mètres. On n'y travaillait pas (en raison des pluies). Nous avons pu y recueillir un peu de malachite et de galène argentifère décomposée en céruse, au milieu de nombreux fragments de limonite. Les minerais comprennent donc le cuivre, le plomb argentifère et le fer. Mais leurs positions respectives sont mal définies. Les parois de la mine sont du calcaire bleu avec lits de schistes noirs. Les bancs sont extrêmement contournés.

« A un kilomètre plus à l'est se trouve la mine de Songho, la plus grande des trois. Elle est également ouverte dans une colline isolée et a une longueur d'au moins 250 mètres. En certains points elle a plus de 10 mètres de profondeur. Les parois sont aussi en calcaire, et elle forme une poche d'argile rouge, produit de la dissolution complète du calcaire.

« La troisième mine est plus éloignée vers l'est (6 kilom.)... Les noirs y travaillaient. Elle porte le nom de Paka Zongolo... Nous y observâmes des parois calcaires, des amas d'argile rouge, de la malachite et de la limonite, le tout dans les conditions des deux autres mines.

« En définitive, le minerai de cuivre de M'Boko-Songho se présente dans des conditions normales et ordinaires. Constitué en amas, au milieu de roches qu'il imprègne, il est réuni à d'importantes quantités de limonite. C'est en un mot la partie superficielle d'un filon de pyrite cuivreux, cette partie qu'en termes du métier on appelle chapeau de fer... »

MM. Destrain et Pleigneur, qui ont visité la mine au moment du travail, pendant la saison sèche, évaluent l'un à 350, l'autre à 300 le nombre des ouvriers occupés dans les deux premières minières. La production est d'ailleurs assez abondante pour que le cuivre de M'Boko-Songho se répande sur le Congo jusqu'aux Stanley Falls et dans le Haut-Oubanghi, et le minerai facile à traiter est fort riche dans le chapeau. Un échantillon pris au hasard par M. Chollet, en 1887., a donné à l'analyse 64 0/0 de CuO et 51,2 0/0 comme teneur en cuivre métal. Le minerai de filon n'étant pas intéressé par l'exploitation indigène, on ne peut donner aucune indication à son égard. Mais il convient de noter que les trois minières sont en alignement, dans une longue plaine limitée en largeur par une ceinture de hauteurs rocheuses très rapprochées. Il semble qu'on se trouve en présence d'une longue fissure.

Presque sur le prolongement de cet alignement et à 40 kilomètres environ, se trouve la mine de Liamba, non visitée encore par les Européens et qui, au dire des indigènes, occupe de 150 à 200 ouvriers. Elle se trouve, comme celle de Mindoüli, partie sur la pente, partie sur le sommet d'une petite chaîne rocheuse. D'après les indigènes de la région, il existerait d'autres points d'affleurement du minerai sur la ligne Mindouli-M'Boko Songho. Il semble en tout cas que Liamba se trouve presque exactement sur cette ligne à 60 kilomètres environ de Mindouli.

Cette dernière mine a fait l'objet d'une visite détaillée en novembre 1892. A ce moment, les travaux étaient interrompus par les pluies de l'hivernage, et les échantillons recueillis ont été pris à la surface ou en déblais. Ils comprennent du silicate de cuivre cristallisé (dioptase), du silicate de cuivre amorphe (chrysocolle), du carbonate de cuivre. Dans la partie superficielle seule exploitée par les indigènes, les différents minerais sont associés à une gangue tantôt quartzeuse, tantôt calcaire. Au moment où la mine a été visitée, les couches de surface n'étaient visibles en coupe que sur un seul point et présentaient par l'alternement des lits peu épais, une certaine confusion donnant l'impression d'éboulis. C'est à la partie inférieure que commence à se trouver le minerai, à deux ou trois mètres de la surface.

Le gisement exploité s'étend sur 2 kilomètres environ, dans une longue crête rocheuse. Trois exploitations sont situées à mi-hauteur (75 mètres) de la colline. Les roches affleurent du pied au sommet dans les ravinements et sont sur les flancs recouverts d'éboulis terreux. Les échantillons de minerai de plomb proviennent de l'exploitation extrême à l'Est et les principaux échantillons de dioptase, de l'exploitation extrême à l'Ouest. Dans un ravin voisin, les dépôts cuivreux affleurent sur la roche calcaire jusqu'à 25 mètres du sommet. L'impression que donne le gisement est celle d'un filon puissant, suivant l'axe de la crête et recouvert par les éboulis du chapeau. Aux points d'exploitation, une galerie de 15 à 20 mètres atteindront sans doute horizontalement le filon.

A l'autre extrémité du gisement, distante de 1.500 à 1.800 mètres du dernier point, le minerai de chapeau occupe, en place, le sommet de la colline. Entre deux points culminants dont le relief au-dessus de la plaine peut atteindre 150 mètres, s'ouvre un large col où affleure une couche de dépôts argileux épaisse de 10 mètres sur une longueur de 300 mètres et une largeur de 200 mètres de versant à versant; toute cette couche est trouée de puits (150 à 200 environ) de 10 mètres de profondeur moyenne, au fond desquels les indigènes recueillent le minerai. Le carbonate de cuivre paraît dominer sur ce point. Cependant au cours d'une visite sommaire, des échantillons de cristallisations remarquables ont été trouvés aux alentours des puits. Ce point est à noter, car il n'est pas impossible que la région fournisse non seulement des minerais, mais des minéraux de valeur. En tout cas, d'après leur apparence, les minerais de cuivre peuvent être considérés comme des minerais riches. — Les mines de Mindouli occupent en moyenne 300 à 350 travailleurs.

On est donc dès maintenant fixé sur l'existence au sud du Niari d'un gisement minier de cuivre et plomb, qui par l'alignement de ses centres d'exploitation, donne l'impression d'un filon extrêmement étendu dont le chapeau fournit, en trois points seulement, du travail à plus de 800 ouvriers pendant la moitié de l'année. Les minerais sont d'ailleurs de qualité supérieure et se traitent facilement par des méthodes primitives.

Sur la rive droite du Niari, à hauteur et à environ 30 kilomètres nord de Bouenza, on trouve un gisement de plomb et de cuivre, très réputé dans le pays pour sa production de plomb. Le métal se vend en masses hémisphériques de 5 kilogrammes. Outre le plomb, ce gisement paraît être fort important pour le cuivre. Un échantillon de sulfure de cuivre, voisin du minerai de filon en provenant, a donné 68 0/0 de métal. — Cette seconde région cuprifère s'étend jusqu'à la Lalli, affluent du Niari, à 100 kilomètres du fleuve (1).

Entre cette partie du Niari et l'Ogoué, le pays est peu connu. D'après les indigènes, il y existerait également des gisements métallifères. Le fait semble peu douteux pour la région du Haut-Ogoué où à 300 kilomètres de M'Boko-Songho les indigènes produisent un laiton dont la coloration presque identique à celle de l'or avait fait croire sur place à l'existence de mines de ce métal.

Plus près de la côte, le bassin de la Louisa, affluent du Niari, traverse au

---

(1) Un échantillon de galène de M'Boko Songho a donné à l'analyse 84,60 0/0 de plomb avec 0 kil. 044 d'argent aux 100 kilogrammes de plomb.

Un échantillon de cuivre carbonaté vert de Mindouli a donné 69,30 0/0 de CuO.

nord du coude septentrional du fleuve, le pays des Bayaka, qui est, lui aussi, réputé fort riche en cuivre. Sur la rive droite de la rivière, la région devient montagneuse. Dans tout le massif qu'elle longe, les exploitations indigènes seraient assez nombreuses, et elles s'étendent probablement jusque dans le bassin de la haute Nyanga. En effet, M. Ehrmann, administrateur du Nyanga, a constaté, dans un rapport de 1887, que les indigènes avaient à maintes reprises apporté dans les factoreries de la côte, par la vallée du fleuve, de nombreux échantillons de cuivre, provenant de sa partie supérieure. Ces échantilllons ne pouvaient pas, en tout cas, provenir du Haut-Niari. D'après M. Ehrmann, les gisements métallifères, s'étendraient même jusqu'à peu de distance du littoral.

On voit, en résumé, qu'on connaît dès maintenant dans la région concédée en vue de l'exécution du chemin de fer, un vaste bassin minier de 100 kilomètres de longueur sur la rive gauche du Niari, bassin jalonné par trois importantes exploitations indigènes. Sur la rive droite du fleuve s'étend, presque dans le prolongement du premier, un second bassin dont on connaît par les indigènes une exploitation. Au delà se trouveraient les gisements de l'Ogoué.

A l'ouest et à 100 kilomètres de l'axe général de ces gisements, se trouve un autre bassin, celui des Bayaka et du Nyanga, sur l'existence duquel on est fixé, mais dont on ne peut apprécier encore ni l'étendue ni l'importance.

Etant donnée la richesse des échantillons reconnus, on voit que si la valeur du filon correspond à ce que paraît annoncer la production des chapeaux, la propriété et l'exploitation de l'ensemble des mines de la contrée peuvent assurer une large part de la rémunération du capital qui serait engagé dans la construction du chemin de fer. Quelle que soit la direction de la voie, son établissement permettra la mise en exploitation immédiate des mines de M'Boko-Songho, Liamba, Mindouli et Bouenza, peut-être celle des mines de la Lalli et de la Louisa, dont le cours inférieur est navigable. A défaut d'exploitation directe, la cession par la Compagnie de ses droits pourra couvrir une fraction notable de ses débours.

FORÊTS

Le domaine forestier réservé à la Compagnie du chemin de fer, couvre environ 2.500.000 hectares. Il comprend la grande forêt du Mayombe, large de 50 à 100 kilomètres, qui commence entre 30 et 50 kilomètres de la côte et s'étend sans interruption de la frontière portugaise au bassin de la Nyanga, et d'autres massifs importants dans les bassins des affluents de droite du Niari. La haute futaie occupe les deux tiers des massifs forestiers. Elle est constituée par des arbres atteignant de 1 mètre à 1^{m}50 de diamètre à hauteur d'homme, et montant en colonnes droites jusqu'à 40, 50 et même 60 mètres. Il résulte de plusieurs évaluations sur place que le rendement en bois de 0ᵐ30 d'équarrissage ou plus, dépasserait souvent 1.000 mètres cubes par hectare. Or, la plupart des essences donnent des bois de premier choix pour ébénisterie et charpentes soignées : teck, acajou, palissandre, santal, etc., outre l'ébène. Pour un de ces bois, l'okoumé, qui, au Gabon donne lieu à de fortes exportations (100 à 200 mètres cubes par semaine, à la fin de 1892, pour la seule maison Woërmann de Hambourg, à Libreville), la valeur admise par la Commission des mercuriales de la colonie est de 150 francs le mètre cube. Rendu à Hambourg, où la demande est considérable, il atteint jusqu'à 225 francs, en billes de 5 mètres sur 0ᵐ80. A Libreville, après quatre jours de flottage en rivière, le mètre cube non équarri revient de 10 à 15 francs. Le fret varie de 30 à 40 francs. Impôt payé (7 fr. 50) et après équarrissage (1 à 2 fr.), l'okoumé revient en Europe à moins de 70 francs le mètre cube. Il en est de même des acajous qu'on commence à exploiter. On restera très certainement au-dessous de la vérité en attribuant une valeur moyenne de 100 francs au mètre cube équarri pour l'ensemble des essences de futaies et en admettant un bénéfice moyen de 25 francs, au cours actuel, abatage, équarrissage, impôt et transports payés (1). Sans baser un calcul ferme sur l'application de ces chiffres, on voit que la concession forestière réservée à la Compagnie a une valeur considérable. En supposant que le bénéfice net descende non pas à 25 francs, mais à 2 fr. 50 par mètre cube, alors que pour la maison Woërmann, par exemple, il a atteint et dépassé même 50 francs, le domaine de la Compagnie pourrait produire net 400 millions, sur le pied de 100 mètres cubes seulement par hectare.

Il va de soi que pour l'écoulement même partiel d'une telle masse de produits, bien des conditions devraient être remplies : conditions d'adaptation des marchés, de temps, de mise en exploitation.

Mais il est évident qu'une compagnie puissante, disposant d'un aussi formidable capital forestier, pourra dans un court délai s'assurer une prépondérance absolue, devenir en quelques années la maîtresse du marché des bois. En admettant, ce qui répond aux conditions de l'exploitation indigène, que chaque voie de communication desserve une bande latérale de 10 kilomètres de profondeur, les surfaces immédiatement exploitables, sur fleuves au moment de l'entrée en concession, seraient, pour la Loémé, 500 kilomètres

---

(1) Il s'agit, bien entendu, des bois exploités convenablement et choisis, comme il est facile de le faire pour des quantités illimitées, mais non des bois de petites dimensions, fendus ou humidifiés par un long séjour en eau stagnante, qui, achetés au rabais, ne se vendent pas et déprécient la provenance.

carrés, pour le Niari en amont des concessions existant déjà sur le bas
fleuve, 400 kilomètres carrés, pour la Nyanga, 600 kilomètres carrés et
pour les autres cours d'eau côtiers, 500 kilomètres carrés, soit au total
2.000 kilomètres carrés, dans la région en aval des chutes, celle des biefs
navigables d'embouchure. Sans entreprendre aucun travail, la Compagnie
se trouvera du jour au lendemain à la tête d'un stock disponible de
13.000.000 mètres cubes à raison de 100 mètres cubes par hectare de futaie,
alors que la production dépassera souvent 1.000 mètres cubes, pour 65.000 hectares de futaies par 1.000 kilomètres carrés, stock qu'elle pourra se faire
livrer rendu à la côte à 15 fr. le mètre cube, l'un dans l'autre, en employant
la population locale ou des équipes de bûcherons pahouins, sans limite de
quantité pour ainsi dire. Après la construction de la voie, à travers le Mayombe,
ce stock s'augmentera, sans autre travail, de 6.500.000 mètres cubes pour
les 1.000 kilomètres carrés desservis par les 50 kilomètres de ligne sous
bois. C'est avec une masse de près de 20.000.000 mètres cubes livrables au
gré des demandes qu'elle interviendra dès le début sur les marchés. En supposant une majoration de 25 0/0 sur les prix de revient actuels et une baisse
de 50 0/0 sur les prix de vente, elle réaliserait encore un bénéfice. Pour une
limitation du bénéfice à 2 fr. 50, au lieu de 50 francs, comme celui qu'atteint
la maison Woërmann, ses premières disponibilités représentent à elles seules
un gain de 50.000.000 fr. En vendant aux prix des plus mauvais sapins le
griffonia, l'owala, le santal rouge, le camwood, l'okoumé, le palissandre,
l'acajou, elle couvrirait avec les ressources réalisables sans autres frais locaux
que l'abatage, les dépenses de construction de la voie entière. Pour écouler
tout son capital forestier, avant l'expiration de sa concession, il faudrait qu'elle
atteignît un débit moyen de plus de 25.000.000 mètres cubes par an suivant
la proportion admise, qui est de beaucoup inférieure à la réalité. N'est-il pas
permis de penser, dans ces conditions, que la concession forestière attribuée
à la Compagnie est de nature à lui assurer un rôle prépondérant sur le marché
des bois et par suite des bénéfices suffisants pour rétribuer dès le début le
capital qu'elle engagera progressivement? On pourrait en douter quand on
constate le sort de certains lots de bois du pays sur nos marchés. On n'en
doute pas quand on a étudié la question sur place, il reste alors cette impression très nette que si l'industrie des bois africains est, en ce qui concerne l'exportation française, encore dans la période d'enfantement, la voie à suivre se
trouve tracée par l'exportation étrangère; que l'exploitation de l'énorme domaine forestier de la Compagnie sera éminemment fructueuse, à la seule condition d'être active et bien conduite.

PLANTATIONS

Outre les mines et les forêts, la concession de la Compagnie comprend un immense domaine agricole, dont la mise en valeur, plus lente, interviendra à son tour comme élément de rémunération dans une très forte proportion. L'ensemble de la concession réservée à la Compagnie couvre environ 100.000 kilomètres carrés dont 75.000 kilomètres carrés en forêts ou en terres vacantes de toute nature. Il n'y a pas sur cet énorme territoire, en dehors du lit des rivières, de quelques collines argileuses, des bancs de sables en bordure de plage, des crêtes rocheuses, une parcelle du sol qui ne puisse produire toutes les cultures tropicales. Partout, aux pluies d'hivernage, la terre se recouvre d'un manteau de hautes herbes atteignant de 3 à 4 mètres et tellement serrées qu'on ne peut s'y frayer un chemin qu'au sabre d'abatis.

Entre les forêts et la mer, la canne à sucre, le bananier, le manioc, le maïs, le riz dans les bas-fonds ; puis toute la série des arbres à fruits, papayes, manguers, avocatiers, coco ; les palmiers à huile, l'ananas, les agaves, les ficus à caoutchouc poussent avec une vigueur merveilleuse. Dans les grandes forêts, le café et la vanille sont indigènes à l'état sauvage ; le cacao, le quinquina viendraient admirablement. Aux premières essences s'ajoutent pour la région des hauts plateaux les céréales dont l'acclimatation a été tentée avec succès à Brazzaville, avec des échantillons provenant de l'Adamaoua. Le nombre et la variété des produits susceptibles d'être cultivés utilement sont presque illimités.

Pour apprécier l'importance que peuvent prendre les exploitations agricoles, il convient d'envisager isolément les diverses cultures et les conditions de leur développement éventuel.

Sauf le riz et le blé, dont l'acclimatation définitive présente un grand intérêt pour la consommation locale, il ne semble pas qu'il y ait grand'chose à tenter comme cultures d'alimentation proprement dite. Ni le manioc, ni l'igname, ni même la banane ne paraissent appelés à alimenter un commerce d'exportation ; les autres contrées tropicales, Brésil, Indes et les îles en fournissent déjà très au delà des besoins. Certaines cultures industrielles semblent, au contraire, susceptibles d'une énorme extension. Telles sont celles qui intéressent la fabrication des alcools. Sans parler de la canne à sucre qui vient aussi bien qu'en tout autre pays, mais qui nécessite une main d'œuvre onéreuse, les ananas, les bananes, les mangues, les monbains, l'anfoss, la papaye et beaucoup d'autres fruits indigènes, sont utilisables dans des conditions telles que les missions catholiques dont les établissements, au nombre d'une vingtaine, sont de véritables fermes, trouvent plus avantageux de fabriquer sur place par distillation à l'alambic, leur alcool de traite, que de l'acheter 3 fr. les 12 litres au commerce. L'ananas par exemple pousse partout à l'état sauvage dans les sous-bois peu humides. Pour l'avoir en plantation, il suffit de détacher les bourgeons feuillus qui couronnent le fruit ou les jeunes pousses du pied, et de les mettre en terre dans le sol des grandes herbes après l'avoir nettoyé par incendie.

La plante est assez vigoureuse pour étouffer toute autre végétation. On peut mettre à l'hectare de 5 à 10.000 pieds qui au bout de deux ans donnent au moins 2.500 fruits pouvant fournir, suivant la qualité, de 150 à 200 litres d'alcool haut titré et d'excellent goût. On en fabrique déjà aux Antilles et au Brésil, mais cette industrie, appelée à un grand avenir est annihilée dans ces pays par celles du sucre et de l'alcool de canne, qui sont traditionnelles. On pourrait aussi utiliser directement le jus de l'ananas, en étudiant les conditions de sa fermentation. Il donne un vin légèrement sucré, très mousseux, fort agréable et qui, si sa conservation était assurée, deviendrait d'un excellent placement. Pour apprécier le rôle réservé à la plante, il faut se rappeler que cultivée, elle vient dans la région en tout terrain, et ajouter que les frais de plantation par hectare ne peuvent dépasser 100 fr. avec un entretien presque nul.

Le bananier vient de rejetons. Il exige un sol riche et moyennement humide. Les frais de plantation ne sauraient être inférieurs à 3 ou 400 francs pour 1.000 plants à l'hectare. Mais en grande culture, il rend de 30.000 à 50.000 kilog. de fruits et plus de 1.000 litres d'alcool.

Le papayer pousse dans des terrains analogues, mais moins riches. Avec 2.000 pieds à l'hectare, il donnerait jusqu'à 15.000 kilog. de fruits trois ans après la plantation et plus de 1.000 litres d'un alcool parfumé, outre un vin rappelant celui de l'ananas par son apparence. Il vient de graines ou de rejetons et les frais de plantation sont minimes, mais il faudrait compter environ 50 fr. d'entretien annuel à l'hectare pour le nettoyage des herbes.

La mangue, inutilisée jusqu'ici, est incontestablement appelée à prendre une grande place dans l'industrie de l'alcool. Le manguier, arbre vigoureux et très feuillu, tue absolument toute végétation autour de lui. Il vient de semis, donne plus de 50 kilog. de fruits à dix ans et 500 kilog. ou davantage à partir de vingt, pendant trente ans ou plus. On peut aller jusqu'à 500 arbres à l'hectare et à partir de la 4ᵉ ou 5ᵉ année, les frais d'entretien qui se bornent au nettoyage des herbes avant que l'arbuste ait grandi, deviennent nuls. La production en alcool, au bout de dix ans, dépasserait celle des autres plantes ; au bout de vingt ans elle deviendrait dix fois plus forte.

Toutes ces indications s'appliquent avec quelques variantes au goyavier, au corossol, au monbain, à l'anfoss, qui, acclimatés ou indigènes, font preuve d'une puissance de végétation extrême.

Au premier abord l'avenir d'une fabrication locale d'alcool peut paraître douteux, mais outre que plusieurs qualités telles que les produisent les missions paraissent susceptibles d'être consommées en Europe, il faut ne pas perdre de vue que l'alcool occupe une place considérable dans les importations, quoique son débit soit limité au voisinage de la côte par le prix du fret sur l'intérieur. Toutes les populations indigènes, fétichistes, en absorbent de grandes quantités. A Loango même chaque factorerie débite journellement de 50 à 100 litres d'un mélange à 15°, qui se vend 0 fr. 25. Le jour où il existera une voie de communication vers le Congo, c'est par milliers d'hectolitres que se chiffrera la consommation annuelle. On voit que dans ces conditions, la question de la fabrication sur place n'est pas sans présenter un certain intérêt.

Une grande culture, déjà expérimentée près de Loango, est appelée à un avenir incontesté : celle du café, du cacao et des produits de moindre importance qui en accompagnent partout les plantations. Le café est indigène dans toute la forêt du Mayombe, où on ne l'exploite pas encore, malgré la grande valeur des graines indigènes. Dans les rivières du sud, au Sénégal, le café sauvage du Rio Nunez et du Rio Pongo se vend couramment 4 et 5 francs le kilogramme.

De toute façon, la culture du café et du cacao, qui entrent dans l'alimentation comme objets de première nécessité, est appelée aujourd'hui à un prodigieux développement. Bien que dans les pays où il est, sinon exempt de droits, du moins peu taxé, comme en Allemagne, les prix se maintiennent de 1 fr. 50 à 3 francs le kilogramme pour le café, de 1 à 3 francs pour le cacao, la consommation en augmente dans une forte proportion d'une année à l'autre. En France, où les droits sont excessifs, elle se développe moins vite, mais il n'est pas douteux qu'une amélioration de régime produise brusquement un relèvement considérable des demandes ; et si l'exonération des droits se trouvait réservée, conformément aux principes de la législation douanière actuelle, aux produits coloniaux, les nouvelles plantations de nos colonies bénéficieraient seules de cette mesure.

Pour apprécier l'importance du rendement des plantations de café en Afrique, on peut mentionner ce qui se passe à San Thomé, île portugaise voisine du Gabon. Les plantations renferment 6/10 de caféiers ; 2/10 de cacaoyers, le surplus des plants étant des ficus à caoutchouc ou des quinquina. L'évaluation des bénéfices nets se fait sur le prix de 25 francs par travailleur et par jour pour toute la durée de la cueille du café, soit six semaines. les autres produits couvrant les frais. Or, plusieurs plantations emploient 1.000 travailleurs ou même davantage. A la vérité, le régime colonial portugais maintient la main-d'œuvre à bon marché. Les travailleurs engagés dans l'Angola sont payés 500 francs à la livraison et peuvent occasionner pendant la durée de leur contrat, soit sept ans, une dépense moyenne de 1 franc par jour. Avec les déchets, et en tenant compte des dépenses de première mise, la journée revient à 1 fr. 50. Elle ne s'élève pas à plus de 2 francs, sauf pour les ouvriers d'art, après rengagement, nourriture comprise.

On ne peut compter sur des prix aussi bas en terre ferme, où les ruptures de contrat seraient fréquentes dans les mêmes conditions. Mais lors même que le bénéfice net baisserait de 50 0/0, une plantation occupant cent ouvriers seulement représenterait encore un revenu de 50.000 francs au cours du café de San Thomé. D'autres exemples aussi probants seraient encore à citer : celui des noirs de Libéria, d'où provient le café de ce nom, coté couramment de 2 francs à 2 fr. 75. La population libre de cette république nègre s'est mise depuis une vingtaine d'années à la culture du café, et elle vit dans une large aisance. De même quelques Sierra-Léonais. A Assinie, sur la côte d'Ivoire, la plantation Verdier, malgré de coûteux tâtonnements de début, donne de gros bénéfices, encore que le régime d'exploitation adopté ne permette pas toujours de cueillir plus de la moitié de la récolte. On n'entretient sur la plantation que le nombre de travailleurs strictement nécessaire pour les travaux courants, et la cueille se fait, sur le pied de 1 franc le sac de 30 kilogrammes de grains, au moyen de la main-d'œuvre des villages voisins, dont les indigènes travaillent ou ne travaillent pas. A Cameroun, les Allemands ont fait de vastes plantations sur toute la base de la montagne. Au Gabon même, la maison Woërmann en a créé une de 100.000 pieds aujourd'hui en rapport depuis deux ans, à Sibangue, près de Libreville. Le jardin d'essai de la colonie renferme 1 million de pieds de café et de cacao d'un an et demi, destinés à être distribués gratuitement pour accélérer le mouvement qui se dessine. Dans le Bas-Ogoué, un ancien agent d'une maison de commerce a réussi avec une dépense totale de 20.000 francs, en cinq ans, tous frais compris, à avoir 2.000 pieds de café et 5.000 cacaoyers qui rapportent depuis trois ans, et peuvent donner actuellement un revenu brut de 10.000 francs, soit au bas mot 5.000 francs de bénéfice net. Enfin une compagnie hollandaise, qui occupe un rang considérable dans le commerce de la côte, possède 700.000 pieds de café en rapport, au Congo, entre Massab et Loango, et elle a pris récemment sur le Bas-Kouilliou une concession de 800 hectares qu'elle se propose de planter en deux ans. Au sud, on constate les mêmes tendances à Landana et Cabinda chez les Portugais, dans le Bas-Congo et surtout dans l'Angola, où la production du café s'est assez développée, dans la région d'Ambacca, depuis la création du chemin de fer, pour qu'il s'y forme des centres de peuplement européen. Dès maintenant, le café intervient comme un aliment important du transit de la voie.

En un mot, une véritable fièvre de café commence à se manifester sur toute la côte d'Afrique. Elle n'est qu'à ses prodrômes en terre ferme. Mais on peut prévoir avec certitude qu'avant dix ans les plantatiois auront pris un développement extrêmement considérable. Le droit à l'exploitation exclusive de toutes les cultures nouvelles, dans une zone de 100.000 kilomètres carrés, a donc une valeur très réelle. A cet égard la concession de la Compagnie a d'autant plus d'importance que la région forestière, soit 2 500.000 hectares est tout entière un terrain de premier choix pour le café, avec son humus profond et ses hauteurs de 6 à 800 mètres. Il serait difficile d'indiquer à priori quelles pourront être les conditions d'exploitation, car chaque variété de café, de cacao, a ses préférences comme sol. Le San Thomé, qui se cote 3 fr. 50 à 4 fr. 50, préfère le sol volcanique, léger et très riche. Le Libéria, qu'on a surtout importé au Gabon, aime les terres grasses. Des expériences devront être tentées pour un choix définitif. Mais on peut affirmer avec une entière certitude que tout le Mayombe donnera du cacao de premier choix et du café au moins égal au Libéria de la côte, qui s'y trouve dans une situation moins favorable, et se vend cependant plus de 2 francs.

Parmi les cultures industrielles des régions équatoriales, le caoutchouc est appelé à prendre un rang presqu'aussi important que le café. L'exemple du Brésil, où la marque Para atteint 4 francs le kilogramme est là pour le prouver. Déjà à San Thomé, les ficus sont assez nombreux. Au Gabon même, M. de Brazza a fait planter 150 à 200.000 pieds dont une partie a été distribuée en pays pahouin, dans les villages. Les indigènes paraissent suivre avec intérêt la croissance des arbres. Nul doute que cette initiative ne soit très féconde. Dès maintenant on peut déduire de l'expérience que la question d'acclimatement est résolue, que comme le Brésil, l'Afrique Congolaise peut devenir un centre de production du caoutchouc par la culture. Elle l'est déjà par l'exploitation indigène. Les forêts renferment un grand nombre d'essences arbres, ou lianes, dont le suc recueilli par des méthodes convenables et traité en vue de la coagulation suivant sa nature, peut donner d'excellents produits.

Les indigènes n'exploitent de préférence qu'une liane, la landolphia, qui est la plus réputée et qui lorsqu'elle atteint la grosseur du bras, donne en un seul pied, jusqu'à 1 kilo de caoutchouc.

Lorsqu'il est pur, le produit atteint une valeur considérable. Certaines marques se cotent jusqu'à 5 francs et les qualités inférieures de la côte se maintiennent à 2 fr. et à 2 fr. 50, avec une valeur moyenne de 3 francs. Mais souvent on mélange avec le suc de la Landolphia celui d'une autre liane, qui très abondant se coagule moins bien, d'où une infériorité de produit. Or cette seconde liane n'est autre qu'une liane à gutta de premier choix, et pour en tirer le parti qui convient, il suffira que les indigènes apprennent peu à peu à appliquer le traitement convenable.

On est frappé, quand on examine sur place la question du caoutchouc, de constater l'éloignement progressif des centres de production, par suite d'une exploitation destructive. Cependant, en considérant une période de quelque durée, on reconnaît qu'il se produit un repeuplement. Pour les essences des Rivières du Sud, le cycle est de cinq ans.

Ces considérations conduisent à admettre que l'avenir du caoutchouc n'est pas seulement dans la plantation des ficus, mais aussi dans la culture des essences indigènes. Celles-ci ne pourront être utilisées ainsi qu'après des expériences, des essais. Mais il ne semble pas douteux que l'aménagement des parcelles forestières en plantations de Landolphia, par exemple, ne soit assuré d'un grand avenir après quelques tâtonnements.

On serait aussi fondé à escompter la culture de certaines euphorbiacées, en vue de l'exploitation du caoutchouc commun. Certaines variétés donnent un suc laiteux qui se coagule et présente toutes les apparences du produit ordinaire. Des tentatives ont été faites à ce sujet aux Indes. La question n'est pas encore mûre, cependant. Il convient de la mentionner comme méritant d'être reprise avec d'autant plus d'intérêt que les euphorbiacées poussent sans aucun soin et se multiplient d'elles-mêmes très rapidement. Les plantations, s'il y a lieu, pourront se faire par envahissement, pour ainsi dire, et il est impossible de n'être pas frappé de l'importance de la question, quand on voit, par exemple, le manioc frisé donner des fils élastiques de plus de un mètre par la simple rupture de ses branches.

Une autre exploitation paraît appelée à un grand développement, celle des textiles. La flore équatoriale est merveilleusement riche, dans la région du Congo, en plantes de tout genre susceptibles de fournir d'excellents matériaux de tissage. Le bananier, par exemple, qui ne produit qu'une fois, peut fournir par tronc 15 à 25 kilogrammes de fils. Les indigènes en font des cordes, des filets, des étoffes. On peut aussi l'utiliser, comme en Amérique, pour la fabrication de la pâte à papier. Une variété d'agave indigène, la Zanzivaria, exploitée aux Indes, donne également de bonne filasse. Sans parler des écorces de plusieurs arbres, de diverses lianes qui fournissent aux indigènes des fils longs, épais et résistants, diverses variétés de palmiers peuvent alimenter une exploitation importante. Déjà le piéçava, fibres de l'Attalaca funifera, est exporté par

centaines de tonnes du Gabon, pour la brosserie. Les feuilles du Borassus fla-
belliformis, très abondantes, et qui sont utilisées aux Indes comme papier
indigène, les fibres de l'Elœis guinéensis, celles du cocotier, peuvent fournir
une quantité illimitée de produits d'une certaine valeur. Une malvacée qui
pousse par touffes énormes se décortique au doigt et son écorce donne des fils
de un mètre. Il y a dans tout le pays une masse énorme de produits textiles,
susceptibles d'un grand rendement par une culture peu coûteuse.

De tous, le plus intéressant sera peut-être la fibre d'ananas, dont les indigènes fabriquent des fils longs, soyeux et résistants. Comme on l'a vu, cette
plante pousse partout et ne demande presque pas d'entretien. Chaque pied
donne au moins 50 grammes de fils propres à tous les usages de corderie, au
tissage des étoffes de tenture, etc. Outre les fruits, l'hectare planté donnerait
au moins 250 kilogrammes de fils valant après rouissage 1 fr. 50.

Tout est à faire encore dans la voie des cultures textiles, mais ces simples
aperçus montrent que les résultats de tentatives bien conduites ne sauraient
être que très brillants.

On doit encore mentionner les plantes oléagineuses, comme pouvant faire
l'objet d'entreprises de grande culture industrielle. Le palmier à huile, Elœis
guinéensis, est indigène. Outre ses fruits dont le rendement en huile atteint
5 litres par arbre et par an, les habitants du pays utilisent ses fibres et en
extraient un vin très agréable quand il est frais, le malafou, dont on pourrait
aussi tirer parti. Soit par aménagement des bouquets existant déjà, soit par
plantation de rejetons, on pourrait créer de vastes massifs d'Elœis. L'arbre
ne devient adulte et ne commence à produire que cinq ans après la mise en
terre du rejeton. Il donne à partir de la dixième année un revenu supérieur à
5 francs et frais d'entretien compris pour le nettoyage des herbes, la plantation
ne revient pas à 2 fr. 50 par pied.

Dans tous les terrains en bordure de la mer, le cocotier vient admirablement. Toute l'avenue qui, à Libreville, longe la plage sur 4 kilomètres, en est
bordée, et les arbres donnent de 50 à 100 fruits. Outre les fibres de première
qualité, le coco est susceptible d'une exploitation fructueuse comme produit
oléagineux. Sa noix donne un rendement de matière grasse supérieur à 30 0/0
du poids de l'amande. Par arbre le rendement s'élève à près de 5 kilogrammes,
quelquefois, davantage et comme pour l'Elœis les frais sont relativement faibles.
Pour caractériser les conditions économiques d'une entreprise de grande culture de ces deux arbres, on peut admettre que le capital engagé, improductif
pendant cinq ans, doit rendre 200 0/0 au bout de dix ans si l'affaire est bien
conduite.

L'avocatier, dont le fruit renferme un beurre végétal comestible, encore inutilisé industriellement, prend place au même rang. Venu de semis, l'arbre porte au bout de dix ans, de 100 à 500 fruits renfermant chacun 50 grammes de pulpe dont on extraierait au moins 10 grammes de matière grasse.

Il resterait encore à mentionner une foule de plantes indigènes, moins bien connues, arbres, lianes ou autres, qui d'une manière quelconque, sont susceptibles de culture productive : tels sont le Dika, cacao indigène du Gabon, qui vaut de 20 à 25 francs les 100 kilogrammes ; puis différentes essences donnant des cires, des vernis équivalents à la laque ; tous les arbres à gomme, encore inexploités, et au pied desquels on trouve des blocs de gomme copale de premier choix, des gommes rouges translucides, pesant jusqu'à 500 grammes.

Sans entrer dans de plus longs détails à ce sujet, il est évident que l'avenir de la grande culture industrielle justifie toutes les espérances. Mais une objection se présente immédiatement. Si le fait même de l'importance du rendement des plantations ne peut être contesté, la possibilité de créer des plantations, semble au premier abord plus douteuse. En l'état actuel des choses, on est fondé à se demander si les conditions générales du peuplement et du climat ne s'opposent pas à la réalisation d'entreprises de cultures. Il suffit de se reporter, en ce qui concerne le climat, à ce qui se passe dans l'Amérique centrale, où le mouvement agricole devient d'année en année plus intense et absorbe une forte émigration européenne, pour se rendre compte que le climat, cause de difficultés, n'est pas un obstacle. Il n'y a pas à compter sur l'emploi de la main-d'œuvre blanche, mais rien ne s'oppose à l'exercice d'une direction européenne, ce qui est seul nécessaire. Quant aux conditions tenant au peuplement indigène, on a vu qu'à Libéria, à Assinie, à Cameroun, au Gabon, dans la région de Loango, il existe déjà de grandes plantations de café, de cacao, etc. L'expérience est concluante. L'exemple donné avec succès peut être suivi (1).

---

(1) Pour apprécier la valeur des objections qui ne manquent pas de se produire quand on parle de grandes cultures en Afrique, il faut examiner de près les conditions où se sont produites les tentatives négatives. On trouve invariablement les mêmes causes d'insuccès : insuffisance des capitaux, inexpérience de la direction locale, découragement trop prompt. C'est ainsi qu'on a cité l'exemple d'une plantation de café, faite dans un terrain sablonneux, près de Nyanga, alors qu'il faut au café des terres riches. Le seul exemple probant est celui de la plantation d'Assinie, qui, après des années de tâtonnements infructueux, est devenue une plantation modèle, à bien des égards.

Ce qui reste incertain en réalité, c'est la forme de l'intervention de la Compagnie pour la mise en valeur de son domaine. On peut admettre qu'à titre d'exemple personnel, pour réaliser toutes les expériences utiles, elle entreprendra directement la création de quelques plantations importantes. Mais ses efforts en ce sens, seront nécessairement limités par l'impossibilité pour elle d'engager un nouveau capital, dans l'exploitation de son apanage. Elle devra s'adresser à des tiers, et elle le peut de deux manières.

Dans les régions traversées par la voie, les entreprises européennes se développeront peu à peu. Toute la région du Mayombe, par exemple est appelée à se couvrir de plantations de café. Le résultat final n'est pas douteux, mais la rapidité du succès importe au premier chef. Et dans la situation présente, il n'y aurait pas à compter sur un mouvement immédiat vers cette région. Bien peu de capitaux se risqueraient dans la création de plantations en pleine forêt vierge, avec la perspective d'un aménagement préalable, d'une longue attente pour la venue des semis. Mais n'en serait-il pas autrement, si la Compagnie, qui devra de toute façon commencer son exploitation forestière dès son entrée en jouissance, la dirigeait précisément en vue d'un aménagement pour les plantations? C'est la Compagnie elle-même qui, pour tirer parti de son avoir forestier, exécutera le gros des défrichements. Elle pourra offrir non plus des lots de forêt vierge, mais des lots de terre forestière, prêts à être mis en culture, après un dernier débroussaillement. D'autre part, si la création des plantations mêmes serait coûteuse, celle de pépinières ne nécessitera qu'une dépense minime. L'exemple du jardin d'essai de Libreville est là pour le prouver. D'après cet exemple, on peut évaluer à moins de 10.000 francs le prix de revient de un million de plants de café ou de cacao à deux ans, en pépinière. N'est-il pas possible, dans ces conditions, de concevoir que la Compagnie, offrant d'une part des terrains de première qualité, desservis par la voie ferrée, et d'autre part, des plants déjà venus, à un an de leur entrée en production, provoquerait aisément des entreprises? En ce qui concerne la création de plantations européennes de café et de cacao, son rôle est tout tracé : préparer le sol en exploitant ses bois, et multiplier les pépinières. Soit pour la vente du terrain et des plants, soit par métayage, en s'adressant à de petits capitaux, elle trouvera à réaliser de ce chef des bénéfices plus rapides et plus importants qu'il ne semblerait tout d'abord. — Dès maintenant, pour prendre un cas particulier, on trouverait aisément sur la côte, du Bénin à l'Angola, au moins une vingtaine d'Européens acclimatés, et habitués aux indigènes, disposant d'autre part d'un petit capital, 5 à 10.000 francs, qui, si on leur offrait l'entrée en jouissance, sans frais, sur le moment d'un domaine et des plants nécessaires pour le mettre en culture, à charge pour eux de se libérer progressivement en payant un prix de vente, ou de payer un fermage après une période de deux ou trois ans, accepteraient avec empressement. C'est dans cet ordre d'idées que la Compagnie devra s'engager tout d'abord, sans perdre de vue, pour cela, la création des propriétés plus importantes dont le tour viendra ensuite, et auxquelles appartient l'avenir.

Ce qui est vrai du café et du cacao, pourrait s'appliquer aux autres cultures lorsque les expériences nécessaires auront été faites. En tout cas, la Compagnie devra, non pas tenter l'exploitation directe de son domaine, mais prendre activement un rôle d'initiation. Elle est appelée à obtenir ainsi des résultats qui ne seront au début ni très rapides, ni très importants, mais qui, se développeront progressivement.

On a souvent donné à l'Afrique équatoriale la qualification d'Indes Noires et à très juste titre. Mais il faut, pour que la transformation de l'état présent à l'état futur effectue une mise en train. Le branle donné, le mouvement s'accélérera, comme on le voit s'accélérer à San Thomé depuis vingt ans. La *Varade*, unité de mesure pour les terres, qui équivaut à 25 mètres de front sur une profondeur déterminée seulement par les limites d'exploitation, ne s'y vendait pas 1 franc il y a vingt ans, dans les régions non défrichées. Elle atteint aujourd'hui le cours de 100.000 francs.

Outre les exploitations européennes, il faut envisager les exploitations indigènes. Aux termes de la convention conclue avec le gouvernement de la colonie, la Compagnie est appelée à tirer parti, à son gré, de toutes les cultures introduites dans la région. Actuellement, la population dans l'intérieur se borne aux cultures alimentaires. Elle demande à l'exploitation du caoutchouc, des mines, la satisfaction de ses besoins encore fort limités. Les noirs de la côte, qui ont au contraire des appétits déjà développés, auxquels il faut des étoffes, des vêtements, des ustensiles manufacturés, se livrent au négoce comme intermédiaires entre les factoreries et leurs voisins, ou pratiquent le portage.

Comme on l'a vu, les besoins des uns et des autres se développent et se développeront rapidement.

Il semble qu'on soit fondé, dans ces conditions, à prévoir l'établissement d'un état de choses comparable à ce qui existe à Libéria et à San Thomé, où la population indigène, trouvant plus de bénéfices à la culture du café et du cacao qu'à tout autre travail, s'y adonne exclusivement. Les plantations indigènes ne sont certes pas des mieux tenues, et les graines obtenues figurent parmi les marques de second choix. Mais la production totale n'en est pas moins considérable. En se souvenant d'autre part de la si intéressante expérience tentée par M. de Brazza chez les Pahouins pour l'acclimatement du caoutchouc du Para, on peut se demander si la Compagnie ne trouvera pas un grand avantage dans la répartition de ses plants de pépinière de toute nature dans les villages. Il ne faut pas compter que toutes les tentatives réussiront du premier coup; mais tout permet de croire qu'on arrivera sans grand'peine à distribuer aux uns ou aux autres, ici du café et du cacao, là du caoutchouc ou d'autres plantes, en obtenant que les dépositaires, sans les soigner minutieusement, les surveillent et ne les détruisent pas. A cet égard, on est en droit d'avoir une conviction absolue quand on a vu sur le Haut-Como, en plein pays pahouin, des pieds de caoutchouc, encore inutilisés, cela est vrai, mais entretenus avec assez de sollicitude pour que les herbes aient été enlevées tout autour. Le jour où dans un certain nombre de villages, on aura récolté et vendu une centaine de kilos de café, de cacao, de caoutchouc, la démonstration sera faite, et le problème résolu. Partout les indigènes demanderont des plants et comme à Libéria, comme à San-Thomé, on les verra conserver près de leurs cases, l'un 10 pieds, l'autre 200, plus ou moins. Ce n'est pas l'œuvre d'une année, certes; mais ce peut être l'œuvre de dix ou quinze ans, et elle vaut la peine d'être tentée et poursuivie avec la méthode et les soins qui assurent la certitude du succès.

Actuellement, la population du domaine de la Compagnie peut atteindre 200.000 habitants, à 2 habitants par kilom. carré. Dix ans après la création du chemin de fer, elle aura plus que doublé, car tous les indigènes de ces contrées se déplacent avec une extrême facilité pour se rapprocher des régions où la vie devient moins rude et moins précaire. On voit que l'accession des indigènes aux nouvelles cultures n'est pas sans intérêt. — Comment la Compagnie sera-t-elle appelée à en tirer parti? Il serait difficile de le préciser en l'état. Peut-être sera-ce sous forme d'un droit de plantation, ou d'un impôt de sortie. En tout cas son monopole est absolu.

Dans l'évaluation des avantages accordés à la Compagnie, la concession de son domaine agricole est appelée à prendre une place considérable. Les bénéfices immédiats résultant de la mise en valeur des terres par cultures, resteront faibles pendant une certaine période, mais ils se développeront nécessairement dans une large mesure par la suite. Et sans pouvoir rien préciser, on peut se demander s'il n'y aura pas dans l'avenir pour les capitaux engagés un élément de rémunération assez important, pour justifier non seulement de grandes espérances, mais même pour légitimer dès le début, dans une assez large mesure, les « preparatorys expenses » qui, en semblable matière, sont le gage le plus certain de la réussite finale.

COMMERCE.

Aux termes de l'acte général de la conférence de Berlin qui stipule pour une période de vingt ans, de 1887 à 1907 la liberté commerciale dans la région du Congo, il ne pouvait être explicitement question d'un monopole commercial en faveur de la Compagnie. Toutes les réserves propres à assurer le respect du principe posé ont dû être prises. Mais rien ne s'opposait à ce que la Compagnie fût dotée des moyens d'action lui permettant de défier toute concurrence. C'est ce qui a été fait. Le droit pour elle d'appliquer des tarifs inférieurs au tarif minimum prévu, qui est lui-même prohibitif pour tous les produits de valeur moyenne, lui donne en réalité une prépondérance commerciale absolue. Soit en intervenant directement, soit par entente avec un autre groupe, elle aura la part qui lui conviendra dans tout le négoce de la région sur laquelle elle exercera de fait, mais sans avoir à s'immiscer dans les questions politiques et administratives, les droits souverains d'une *Grande Compagnie*. Pouvant seule tirer parti de tous les produits du sol non encore exploités par l'industrie et le commerce européens, elle absorbera nécessairement tout le trafic portant sur les produits actuellement exploités par les indigènes, tels que le caoutchouc, puisqu'il dépendra d'elle d'en rendre le transport possible ou impossible.

De cette situation privilégiée, il ne résulte pas que la Compagnie doive en réalité monopoliser le commerce local. Peut-être au contraire aura-t-elle un intérêt supérieur à lui accorder les plus grandes facilités. En effet, l'évolution générale du commerce africain semble tendre à la multiplication des petites entreprises. Le nègre est essentiellement commerçant.

Dans les pays, déjà transformés par la pénétration européenne, il arrive rapidement à se substituer comme détaillant au négociant européen qui, après avoir débuté comme seul agent du mouvement commercial, à toutes ses étapes entre le marché européen et le marché africain, finit par centraliser seulement le trafic extérieur comme importateur et exportateur. C'est ainsi qu'au Dahomey, par exemple, les deux grandes maisons françaises qui y sont établies, tout en conservant des comptoirs gérés directement, opèrent surtout par l'intermédiaire des petits commerçants indigènes ou mulâtres auxquels elles livrent la marchandise d'Europe à crédit, en se réservant tout droit à l'achat des produits du pays. Sous une autre forme, le même phénomène se produit au Gabon, où chaque factorerie a ses traitants noirs qui entrent seuls en rapports avec les indigènes de l'intérieur, pour la presque totalité des transactions. C'est encore ce qui se passe dans les Rivières du Sud, où les caravanes de l'intérieur n'entrent en relation avec les comptoirs de la côte que par l'intermédiaire d'agents noirs, chargés de les *coxer*, de préparer, par des cadeaux d'avances, la vente des produits. La tendance générale des nègres à cet égard est invariable : le commerce avec le producteur et le consommateur indigène ne peut s'effectuer directement. Il faut partout et toujours l'intervention de tiers qui établissent les relations communes et sans lesquels ces relations n'existent pas.

On peut se demander si dans ces conditions le rôle de la Compagnie ne devra pas se borner à centraliser les importations et les exportations, opération beaucoup plus simple que le négoce proprement dit. On serait d'autant plus fondé à l'admettre que si l'on compare les colonies anglaises et françaises de la côte d'Afrique, on constate un beaucoup plus grand développement commercial dans les premières, où précisément l'accession des indigènes au commerce de détail est la règle ordinaire, alors que dans les colonies françaises, l'inverse se produit souvent. Rien de plus frappant à ce point de vue que d'entendre des noirs du Gabon, parlant le français et l'anglais, et connaissant bien leur côte, jusqu'au Sénégal, voire même un peu l'Europe, comme il s'en trouve, se plaindre que chez nous toute tentative de l'indigène pour trafiquer à son compte est étouffée en germe, tandis qu'à Lagos, Cap Coast, Sierra Léone, les mêmes tentatives sont encouragées et facilitées par tous les moyens. Avec une certaine exagération il y a dans ces plaintes un fond de vérité. Il faudra, dans le cas particulier de la Compagnie, rechercher si la formule à appliquer ne consisterait par à réaliser le programme qui raisonné ou non, se trouve si judicieusement et si fructueusement appliqué dans les colonies anglaises.

Sur l'importance même des bénéfices probables que la Compagnie peut attendre de ses opérations commerciales, dans sa zone immédiate d'action, des doutes pourraient s'élever, si l'on se reporte aux plaintes et aux récriminations constantes de certaines maisons au discrédit qui paraît s'attacher au commerce de la région. A dire vrai, en regardant les choses de près, on s'explique qu'il soit tel objet d'exportation sur lequel des maisons étrangères font de belles affaires, et qui sur nos marchés jouit d'une médiocre réputation : l'okoumé ou acajou femelle par exemple. Mais si l'on compare sur la plage de Libreville les différents stocks, on voit ici des billes atteignant 0"80 et 1 mètre d'équarrissage et là des billes de dimensions et qualités inférieures. En allant aux renseignements, on apprend qu'au moment où l'okoumé a commencé à se vendre, telle maison a refusé des offres à 10 francs le mètre cube n'en voulant donner que 5 francs, alors qu'ailleurs ces offres ont été immédiatement acceptées, et on s'explique l'inégalité de valeur des produits et l'inégalité des bénéfices. Dans le même ordre d'idées, rien n'est moins étonnant que de voir faire de médiocres affaires par des comptoirs qui attendent pour exploiter le piéçava, que les marchés d'Amérique, fermés par les guerres civiles, soient rouverts, alors qu'une factorerie rivale avait utilisé ce produit depuis plus d'un an sans concurrence, au seul reçu d'un télégramme annonçant la suppression des envois d'Amérique.

Si l'on descend au détail de toutes les affaires auxquelles peut s'intéresser le négoce africain, on n'est pas surpris de certaines difficultés, quand on voit prélever 6 0/0 comme frais d'envoi en Europe de fonds touchés sur place pour le compte d'agents de l'administration locale, alors que le service rendu paraît avoir été rémunéré déjà par la suppression des frais d'envoi d'Europe en Afrique.

La vérité est que pour apprécier l'avenir du commerce africain, il ne faut pas juger son état présent d'après n'importe quelle apparence, et que des plaintes formulées parfois avec une extrême vivacité, il faut retenir seulement cette constatation, qu'en Afrique comme ailleurs, le succès est proportionné à l'effort. On ne réussit pas dans les grandes opérations commerciales par de petits moyens. Et quand on connaît un peu la côte d'Afrique, c'est avec une légitime confiance, avec un sentiment de fierté patriotique qu'on peut envisager l'avenir, en considérant l'œuvre des grandes maisons françaises, la Côte occidentale d'Afrique, les Cyprien Fabre, les Maute et Borelli, les Maurel et Prom, les Buhan et Teissère, etc., qui tiennent partout où elles se sont établies, en territoire français ou étranger, le premier rang par l'importance de leurs affaires, la valeur de leurs agents et l'habileté de leur direction.

Dans la région même du Congo, il suffit d'examiner la situation de la maison Woërmann de Hambourg, dont la flotte de 30.000 tonneaux sillonne toute la côte du Maroc au Congo ; de la Compagnie hollandaise qui, dans son seul établissement de Banane, presque une petite ville, avec ses voies Decauville, occupe plus d'une centaine de noirs à la manutention de ses magasins ; de la maison Hatton et Cokson, de bien d'autres encore, pour rester convaincu que là comme ailleurs, l'Afrique tient toutes ses promesses à qui fait le nécessaire.

On ne peut chiffrer les avantages que la Compagnie sera appelée à retirer de sa suprématie commerciale sur le domaine qui lui est réservé. Mais on est fondé à admettre qu'appliquant des méthodes appropriées à la situation, et donnant à ses opérations l'allure large et intelligente qui convient, placée d'autre part dans des conditions exceptionnelles, il lui sera facile de réaliser par son privilège de fait, d'importants bénéfices. L'évaluation figurative pourrait en être basée sur la répartition des factoreries à la côte. Pour l'ensemble des maisons de commerce françaises et étrangères, les comptoirs sont au nombre d'une trentaine de Nyanga à Massab, tant sur le rivage que sur les biefs d'embouchure des fleuves côtiers, avec plus de 75 agents blancs, et l'ensemble de leurs opérations est assez considérable pour couvrir 5 à 600.000 francs de frais généraux sur place, en salairés et entretien du personnel.

Ce n'est pas seulement sur son propre territoire que la Compagnie aura à jouer un rôle commercial. La clause qui lui garantit la liberté des tarifs inférieurs, lui assure une part prépondérante dans le commerce du Haut-Congo, si le chemin de fer belge ne se construit pas, et en tout cas, une part importante. Pour apprécier l'importance de ce commerce dans le présent, il suffit de dire qu'il occupe, malgré un prix de transport de la côte au fleuve supérieur à 1.200 francs la tonne, une flotte fluviale de 15 steamers et absorbe à lui seul environ les deux tiers des importations, soit 2.000 tonnes, le surplus, soit 1.000 tonnes, étant afférent aux services d'État, quoique représenté en grande partie par des marchandises.

Deux groupes commerciaux sont en concurrence sur le Haut-Congo : la S. A. B., ou « Société anonyme belge pour le commerce du Haut-Congo », et la « Nieuwe Africaansche Handelsvenootschap », Société hollandaise de Rotterdam. Dans le courant de 1892, une maison française qui possédait des établissements prospères a été absorbée par la S. A. B., « opération suggérée par l'administration de l'Etat Indépendant, et qui n'a été conclue qu'après avoir obtenu son entière approbation », dit le Rapport du Conseil de la Société à l'Assemblée générale du 19 octobre 1892.

Jusqu'ici les opérations des deux Sociétés qui restent en présence paraissent avoir été fructueuses, mais inégalement. La S. A. B. a donné à ses actionnaires jusqu'à 9 0/0 et la Société hollandaise 17 0/0. En comparant leurs méthodes, on constate que la première s'engage hardiment dans diverses entreprises qui présentent un grand intérêt pour l'avenir du Congo belge, mais qui échouent parfois, comme l'expédition Hodister au Katanga, terminée par le massacre du chef de la mission et de ses compagnons. La S. A. B. paraît chercher à faire vite et grand. Moins hardie, la Société hollandaise ne risque pas autant. Elle opère plus à coup sûr.

Au point de vue politique, cette Société a constamment vu son intérêt dans une attitude favorable à la cause française qu'elle a affirmée notamment par une large coopération aux expéditions Dybowski et Maistre. — Des désaccords graves se sont élevés entre le gouvernement de l'Etat Indépendant personnifié par le Roi souverain et la S. A. B. au sujet d'un monopole exercé au détriment du commerce, dans les territoires nouvellement acquis à l'Etat ou occupés provisoirement par ses agents. Il en est résulté une certaine tension dans les rapports de la S. A. B. et de l'Etat Indépendant. D'autre part, la présence de membres français dans le conseil d'administration de la Société est le gage absolu d'un réaction contre les tendances qu'on aurait pu attribuer à une Compagnie exclusivement inféodée à des intérêts étrangers. La situation paraît en ce qui concerne, tout compte fait, les tendances de la S. A. B., caractérisée par les conclusions du dernier rapport du conseil d'administration de la

Compagnie du Congo pour le commerce et l'industrie, dont la S. A. B. est elle-même une Société filiale, ayant le même administrateur-délégué, M. Thys, officier d'ordonnance du roi. « Nous émettons le vœu, dit ce rapport, que l'Etat du Congo, auquel nous tenons à affirmer notre dévouement, trouve dans la politique qu'il veut suivre (il s'agit de la politique commerciale des monopoles d'Etat), et à laquelle nous ne pouvons donner notre acquiescement de principes, la satisfaction qu'il espère, et nous continuerons, comme par le passé, à lui prêter notre aide, chaque fois qu'il voudra y avoir recours. » (19 décembre 1892.)

Sans insister sur ce que peut être matériellement la situation réelle des deux Sociétés rivales, il importait d'esquisser les indications qui précèdent avant d'envisager l'avenir du commerce au Congo. Si comme tout permet de le croire, le négoce de détail doit par la suite des temps, passer aux mains d'intermédiaires indigènes, suivant la loi observée à la côte, il y aura place pendant une longue période, pendant la durée d'une génération sans doute, pour une action directe du négoce européen. Mais cette situation, avantageuse au point de vue exclusivement commercial, se prolongera d'autant plus longtemps et les bénéfices resteront d'autant plus considérables, que la concurrence sera moindre. Dans le Haut-Oubanghi, dans la Haute-Sangha, au moment où ont commencé les achats d'ivoire, on avait le kilogramme pour une cuillerée de petites perles valant 0 fr. 10, et il se vend de 20 à 25 francs en Europe. Au Stanley-Pool, où la concurrence existe depuis dix ans et se manifeste par des rivalités inconsidérées, l'ivoire atteint jusqu'à 15, 18 et même 20 francs le kilogramme, tout compris. Si les deux Sociétés actuelles restent en présence, s'il s'en crée de nouvelles, le rendement des opérations commerciales dans tout le bassin intérieur du Congo, ira en s'affaiblissant progressivement jusqu'à un état d'équilibre limitant les bénéfices au même degré que sur la côte.

Le commerce européen a d'ailleurs tout entier à lutter collectivement contre la concurrence arabe, très active et qui se manifeste par la progression si rapide de la conquête musulmane. En dix ans, les Arabes se sont avancés des Stanley-Falls au Kassaï. L'Etat Indépendant n'a pas à les combattre uniquement pour les contenir, mais pour les refouler. Dans le Haut-Congo, en amont des Falls, sur l'Arouhimi au nord, le Sankourou au sud, presque sur la moitié du territoire de l'Etat, ils gagnent du terrain d'année en année.

Partout où ils arrivent, ils monopolisent les échanges avec les indigènes. Leur rôle économique est si considérable que l'entente avec eux, dans le domaine commercial, est actuellement un des facteurs importants dans la lutte engagée entre les deux Sociétés rivales.

A ce point de vue, et d'une manière générale, pour prévenir l'avilissement

des prix et la substitution trop rapide de l'élément indigène à l'élément européen dans une partie des opérations, la fusion des intérêts commerciaux
existant déjà ou appelés à se créer, au Congo, doit être la limite vers laquelle
tendra toute intervention nouvelle. En un mot, la constitution d'un monopole
commercial de fait, semble le but à poursuivre, si l'accord peut se faire entre
les intérêts en présence. Réaliser cet accord fera partie du programme de la
Compagnie maîtresse des transports.

Sans aborder les considérations d'ordre politique dont il faut tenir compte,
mais sur lesquelles il n'y a pas lieu de s'étendre, on conçoit que celle des deux
Sociétés actuelles ou des Sociétés nouvelles qui s'assurerait à un moment donné
le concours de la Compagnie des chemins de fer, et bénéficierait de ses tarifs
de faveur, deviendrait maîtresse de la situation. A défaut d'une entente spon-
tanée, qui devrait résulter d'une appréciation judicieuse de la situation, mais
que paraît devoir rendre difficile la prédominance, dans certains milieux, des
visées politiques, on peut se demander si toute possibilité de rivalité ne ces-
serait pas, le jour où l'équilibre actuel se trouverait détruit.

Il n'y a pour les intérêts français aucune cause absolue d'antagonisme
commercial envers les intérêts belges, et au contraire, il est à souhaiter pour
les uns comme pour les autres, que toute trace d'antagonisme disparaisse.
C'est ce résultat que la Compagnie se trouvera sans doute appelée à réaliser, ou
tout au moins à rechercher. Peut-être le soin de ses propres intérêts et les
circonstances l'amèneront-ils à s'appuyer de préférence sur tel groupe pour
amener plus aisément à composition tel autre groupe. Quels que soient les
moyens d'action employés, le résultat général serait à tout point de vue très
heureux, car malgré une rivalité momentanée, un désaccord apparent, sur
le terrain spécial des affaires, il contribuerait à resserrer les liens de tout
genre qui doivent exister entre deux nations voisines et amies.

A s'en tenir aux termes mêmes de l'acte général de la conférence de
Berlin, ce programme semblerait de nature à soulever des protestations. Mais
en se cantonnant dans le domaine des faits, on voit que le commerce du Congo
constitue actuellement un monopole partagé entre les Arabes et deux Sociétés.
L'adjonction d'un troisième élément qui assurerait la fusion des intérêts européens, en leur donnant définitivement dans ce monopole une part prépondérante, ne changerait rien à la situation acquise. Aussi bien, les monopoles
particuliers que s'est réservés l'Etat Indépendant ou qu'il a distribués à diverses
Sociétés belges, sont-ils un exemple des interprétations que peut recevoir le
principe de la liberté commerciale.

Ces indications générales n'avaient pas pour but de préciser l'attitude que
devra prendre la Compagnie dans le Haut-Congo, mais seulement de montrer
la grandeur du rôle qui peut lui être dévolu. Il était nécessaire, pour com-

pléter l'énumération des avantages qui lui sont réservés, pour permettre d'en apprécier la valeur, d'indiquer que la Compagnie du chemin de fer ne sera pas seulement une grande Compagnie de la région du Niari, grande Compagnie sans droits exclusifs des prérogatives de l'Etat, comme sans charges correspondantes, et conçue suivant une formule nouvelle qui supprime les objections de principe, mais qu'elle se fera la place qu'elle voudra au Congo même. Peut-être la marquera-t-elle d'avance ; peut-être attendra-t-elle pour se prononcer. — Il se peut qu'elle opère directement ou qu'elle prête son concours à une opération isolée. Il n'est pas impossible qu'elle soit amenée à intervenir dans la constitution d'une grande Compagnie du Congo français, ou même du Congo franco-belge. En tout cas, sa dotation comprend une participation prépondérante au bénéfice de l'exploitation commerciale du Congo.

Constituée avec des avantages dont l'importance peut échapper à un examen superficiel, mais dont on conçoit toute la portée en les discutant point par point, la Compagnie du chemin de fer pourra-t-elle se constituer? L'entreprise paraîtra-t-elle viable en dernier ressort, en dernier examen? Sans vouloir rien préjuger à cet égard, sans affirmer à priori, plus qu'il ne convient, on peut en toute certitude conclure que le projet adopté par le gouvernement du Congo français se présente dans des conditions qui justifient largement toutes les études préliminaires.

SOCIÉTÉ D'ÉTUDES

Les études préparatoires devront porter à la fois sur la voie de communication à créer et sur les concessions et avantages affectés à la création de la voie. En ce qui concerne l'étude même de la voie, deux hypothèses exclusives l'une de l'autre sont à envisager : celle d'une voie fluviale et celle d'une voie ferrée.

Pour évaluer l'importance de la dotation attribuée à la Compagnie de construction, il y aura lieu d'entreprendre l'étude complète des gisements miniers, et celle des massifs forestiers au point de vue de leur rendement et de l'exploitation ; puis d'examiner la question de la mise en valeur des terres de culture, sous ses diverses faces, et d'approfondir la question commerciale. Enfin, la Société d'études aura à faire le choix des terres qui lui seront concédées comme rémunération de ses travaux.

Ces recherches et études de toute nature nécessitent l'envoi sur les lieux de plusieurs missions dont il convient de discuter successivement l'organisation et d'évaluer le coût.

ÉTUDE DE LA VOIE

A. — *Voie fluviale.*

L'étude de la voie fluviale comporte au préalable l'examen du dossier du projet Jacob que la colonie s'est engagée à remettre à la Société d'études. Ce dossier comprend le levé détaillé de toute la région des rapides du Niari, et le levé expédié du cours du fleuve en amont des rapides. Le projet d'aménagement

Tableau A

OBJET DES DÉPENSES	MISSION DU FLEUVE			MISSION DU CHEMIN DE FER			OBSERVATIONS
	NOMBRE	PRIX ET SOLDE	TOTAUX	NOMBRE	PRIX ET SOLDE	TOTAUX	
Personnel.			fr.			fr.	Durée des missions : 6 mois.
Chef de mission...	1		20.000	1		20.000	
Adjoint...	1		12.000	1		12.000	
Chef de caravane.	1		6.000	1		6.000	
Opérateurs...	2	5.000	10.000	2		10.000	Suivant convention verbale avec le Gouvernement du Congo, les chefs de caravane pourront être des agents de la colonie.
Interprète, milicien, aides noirs.	10	250	2.500	10		2.500	
Domestiques...	5	150	750	5		750	
Porteurs...	50	175	8.750	50		8.750	
Matériel.							Les convois assureront le ravitaillement.
Instruments, outils.			2.500			5.000	
Campement,...			2.000			2.000	Les vivres d'Europe sont calculés sur le pied de 150 fr. par blanc et par mois.
Médicaments...			500			500	
Armes...			500			500	
Pirogues...			400			»	
Vivres d'Europe...			4.500			4.500	
Vivres du pays...			4.425			4.425	Les vivres du pays sont calculés sur le pied de 50 fr. par blanc et par mois, et 7 fr. 50 par noir et par mois, la valeur en étant emportée en marchandises de traite.
Cadeaux...			1.000			1.000	
Transport.							
Passages et fret...			8.000			8.000	
			83.825			85.925	

TOTAL............ 169.750 francs.

des rapides et de la canalisation en avant de Koussounda par la construction
d'un barrage dans la gorge de ce nom a été établi avec plans et croquis
détaillés, étude complète et devis des travaux. Tous les levés ont été faits au
tachéomètre ou au niveau à bulle d'air, très consciencieusement. On peut en
considérer les résultats comme acquis. Si l'examen du dossier conduit à reconnaître qu'en raison du régime du fleuve, de la nature du terrain, le projet
n'est pas réalisable, il n'y aura pas lieu à l'envoi d'une mission pour reprendre
les études.

Si au contraire le projet paraît devoir être appliqué, les études à entreprendre ne comprendront pas la reprise à nouveau de celles qui ont été effectuées dans la région des rapides, mais seulement leur vérification et l'examen
sur place du projet même. Quelques recherches nouvelles resteront à entreprendre, notamment en ce qui concerne l'imperméabilité du bassin d'inondation
en amont des chutes. Il faudra aussi reconnaître avec plus de précision le cours
supérieur du fleuve ; étudier le mode de jonction du bief en amont du barrage
au bief d'embouchure et de celui-ci à la rade.

A dater de l'arrivée à Loango, la durée des travaux sera d'environ trois
mois, pour la région des chutes et trois mois pour le reste du cours du fleuve,
soit six mois.

La voie fluviale s'arrêtant à 100 kilomètres du Congo, sera prolongée par
une section de voie ferrée. La durée des études pour la reconnaissance et le
levé du tracé de cette section sera de six mois également. Le tableau ci-contre
fait ressortir les dépenses à prévoir pour les deux missions à envoyer.

B. — Voie ferrée directe.

L'étude de la voie ferrée directe nécessitera, pendant une première campagne, l'envoi de deux missions placées sous la même direction, mais opérant
isolément.

Une mission étudiera l'orographie du Mayombe en vue de déterminer la
direction générale du tracé dans la forêt. Elle suivra la ligne des crêtes extérieures sur la lisière est du Niari à la frontière portugaise, ou inversement,
puis cheminera à rebours par la ligne des crêtes intérieures, avec stations aux
sommets, reconnaissance des cols et des vallées d'accès, en levés expédiés.

Ses opérations en forêt terminées, elle effectuera la reconnaissance de la
région comprise entre le Mayombe et la côte.

La seconde mission, se dirigeant sur Brazzaville par la route des caravanes,
reconnaîtra à l'aller les abords de la vallée du Niari et, au retour, la région limi-
trophe de la frontière, suivant la direction jalonnée par les vallées du Foulakari
et de la Loëmé, après avoir effectué une double reconnaissance, aller et retour,

du Congo à hauteur du coude extrême du Niari, en vue d'obteni· quatre itinéraires de reconnaissance distincts dans la région accidentée q ii avoisine le fleuve. Elle contrôlera les résultats fournis par la mission du Mayombe pour la traversée de la forêt.

Pendant la durée de la première campagne, six mois, la direction des opérations sera centralisée au siège social et pourra être déléguée au chef de la mission du Congo.

L'étude du tracé, déterminée d'après les données des reconnaissances, sera effectuée pendant une seconde campagne, dont la durée atteindra huit mois, par

Tableau B

VOIE FERRÉE DIRECTE

1re Campagne.

OBJET DES DÉPENSES	MISSION DU MAYOUBA			MISSION DU CONGO			OBSERVATIONS
	NOMBRE	PRIX ET SOLDE	TOTAUX	NOMBRE	PRIX ET SOLDE	TOTAUX	
Objet des dépenses			FR.			FR.	(Mêmes observations qu'au tableau A.)
Chef de mission,..	1		15.000	1		20.000	
Adjoint	1		10.000	1		10.000	
Chef de caravane.	1		6.000	1		6.000	La reconnaissance du
Opérateurs......	2	5.000	10.000	2	5.000	10.000	Mayombe nécessite des
Interprètes, miliciens, aides. ...	10	250	2.500	10	250	2.500	qualités de vigueur et de
Domestiques	5	150	750	7	150	750	résistance, sans exiger
Porteurs	30	175	4.250	60	175	8.500	des aptitudes techniques exceptionnelles.
Matériel.							
Instruments, outils.			2.500			2.500	
Campement......			2.000			2.000	
Médicaments			500			500	
Armes..........			500			500	
Vivres d'Europe...			4.500			4.500	
Vivres du pays....			3.425			4.775	
Cadeaux			1.000			1.000	
Transports.							
Passages et frêt.			8.000			8.000	
			70.925			81.525	

TOTAL.............. 152.450 francs.

2ᵉ Campagne.

OBJET DES DÉPENSES	NOMBRE	PRIX ET SOLDE	TOTAUX	OBSERVATIONS
		fr.	fr.	
Directeur....................	1		35.000	Durée des études : 8 mois.
Chef de brigade............	1		25.000	
Adjoints...................	2	12.000	24.000	
Opérateurs.................	6	6.000	36.000	(Le reste comme au ta-
Chef de caravane	1		8.000	bleau précédent.)
Interprètes, milices, aides...	10	350	3.000	
Domestiques.................	10	250	2.000	
Porteurs...................	75	200	15.000	
Matériel.				
Instruments, outils........			2.500	
Campement.................			1.000	
Médicaments...............			500	
Armes.....................			500	
Vivres d'Europe...........			13.200	
Vivres du pays............			10.100	
Cadeaux...................			1.500	
Transports.				
Passage et frêt............			15.000	
Total............			191.000	

Total des deux campagnes : 344.350.

une double brigade d'études placée sous les ordres d'un directeur chargé de l'établissement du travail d'ensemble.

Cette brigade se rendra au Congo, en suivant la direction du tracé adopté, en vue d'exécuter la reconnaissance des variantes qui pourraient être jugées utiles. Elle effectuera le levé du tracé au retour, en revenant du Congo à la côte.

Les tableaux ci-contre font ressortir les dépenses afférentes aux études mêmes de la voie dans les deux hypothèses à envisager.

ÉTUDE DES CONCESSIONS

Si d'une part l'étude des travaux fournira à la société l'évaluation de leur prix, il faut qu'elle soit fixée d'autre part sur la valeur des concessions. En même temps, la société aura à choisir les terres qui lui sont attribuées à elle-même en rémunération de ses travaux. Elle devra les reconnaître et en prendre possession suivant les formes déterminées. D'où la prévision de l'envoi simultané de missions spéciales chargées d'étudier les mines, les forêts, le sol de culture, et d'une mission ayant pouvoir de la société pour déterminer les emplacements de sa propre concession.

L'étude des mines nécessiterait à quelques égards de véritables explorations, si l'on juge à propos de l'étendre à tout le bassin minier. Elle devra en tout cas être très poussée pour la région de M'Boko-Songho, Mindouli et Bouenza (r. dr.), et comportera de ce côté non seulement l'étude de la surface, mais de petits sondages. Au nord du Lalli, vers l'Ogoué et dans le pays des Bayaka, une reconnaissance plus rapide suffira, et il serait sinon difficile, du moins onéreux, la région étant peu connue, d'y débuter par des investigations minutieuses. Les opérations comprendront donc une double période. Pendant la première, la mission d'études rayonnera dans un pays d'accès facile en s'appuyant sur les postes de Loudima, de Comba et sur la mission catholique de Bouenza où elle pourra s'arrêter, se ravitailler. Pendant la seconde période, la mission pourra soit se borner à des pointes jusqu'à 100 ou 150 kilomètres de Bouenza et Loudima, soit se lancer en pays presque nouveau pour aboutir sur l'Ogoué ou de préférence à la côte par la vallée de la Nyauza. Il serait évidemment préférable de s'adresser, pour la direction de la mission, à un spécialiste dont l'opinion pût faire loi, sans discussion. Mais dans le choix à intervenir il faudra tenir compte que dans la région du Niari, sur sa rive gauche, l'allure du terrain, la culture et situation des gisements exploités, se prêtent à des constatations faciles et que pour opérer utilement au nord du Niari, il faut une certaine aptitude à l'exploration. Peut-être serait-il judicieux, si la question de dépense n'intervient pas, de scinder les opérations et de former deux missions distinctes. Les prévisions établies ci-dessous ne visent toutefois que l'organisation d'une seule mission.

En ce qui concerne l'étude du domaine forestier de la colonie, et l'examen des conditions de mise en valeur du sol, il serait assurément très intéressant d'entreprendre des études complètes ayant un caractère scientifique sur les plantations et les cultures. Mais pour apprécier l'importance du domaine forestier, il conviendra surtout d'en évaluer l'étendue avec une certaine approximation, d'en déterminer le rendement probable d'après l'examen d'échantillons envoyés en France, et d'examiner les conditions de l'exploitation. Des connaissances techniques approfondies ne sont pas indispensables. Aussi bien la mission du Mayombe pourra-t-elle être appelée à faire pendant ses opérations en forêt une partie des observations.

La question des cultures comporterait plus utilement l'envoi de spécialistes. Cependant, comme il s'agit moins de déterminer définitivement toutes les expériences à tenter, que de constater la possibilité de certains résultats, on pourra s'en tenir aussi à un terme moyen. Il sera bon cependant de confier quelques recherches à un botaniste préparé à l'étude des cultures industrielles et pouvant étudier la question des exploitations forestières. On pourra les faire compléter en chargeant les missions d'études de la voie de recueillir quelques renseignements sur la nature du sol et ses productions dans l'intérieur, d'après un programme détaillé.

Peut-être, d'ailleurs, serait-il facile de donner aux travaux d'ordre scientifique un plus grand développement en mettant quelques spécialistes à même d'exécuter, sans programme déterminé, les recherches qui les intéresseraient. En ce qui concerne notamment les questions touchant la botanique, la perspective d'un voyage n'entraînant aucune charge, tenterait vraisemblablement des naturalistes dont les travaux, quels qu'ils soient, présenteraient une grande importance.

La direction générale des études concernant soit la valeur des concessions attribuées à la Compagnie du chemin de fer, soit le choix des concessions attribuées à la société d'études paraît devoir être confiée à un mandataire de la société, investi de ses pouvoirs pour choisir et prendre possession des terres lui revenant, et pour tous les rapports avec le gouvernement de la colonie. Cet agent serait particulièrement chargé de la reconnaissance préliminaire au choix des concessions, et de la régularisation des titres de propriété.

Le tableau suivant fait ressortir les dépenses à prévoir du chef de ces différentes études.

De l'examen des différents tableaux, il ressort que le montant total des dépenses pour études sur le terrain s'élèverait à 488.260 francs, dans le cas de l'étude unique d'une voie ferrée directe de la côte au Congo. La dépense s'élèverait à 571.585 francs au cas où l'étude de la voie mixte serait effectuée intégralement en ce qui concerne la section fluviale, sans résultat. Mais cette hypothèse n'est pas à prévoir. Si en effet l'étude du projet Jacob paraît devoir être reprise après examen du dossier, il suffira d'une vérification rapide sur place pour constater s'il y a lieu ou non de poursuivre la réalisation du projet. — Dans le cas de la négative, les deux missions pourront, sans perte de temps

Tableau C

MISSION D'ÉTUDE DES CONCESSIONS

OBJET DES DÉPENSES	NOMBRE	PRIX ET SOLDE	TOTAUX	OBSERVATIONS
			FR.	
Personnel.				
Agent général.............	1		20.000	Durée des études : 6 mois.
Géologue..................	1	FR.	30.000	
Botaniste.................	1		15.000	
Opérateurs................	4	5.000	20.000	(Mêmes observations que
Chef de caravane..........	2	6.000	12.000	ci-dessus.)
Interprètes, miliciens, etc...	8	250	2.000	
Domestiques...............	10	150	1.500	
Porteurs..................	75	175	12.125	
Matériel.				
Instruments, outils........			2.000	
Campement.................			2.000	
Médicaments...............			500	
Armes.....................			500	
Vivres d'Europe...........			8.100	
Vivres du pays............			6.185	
Transport.				
Passages et frêt..........			12.000	
Total................			143.910	

notable, reprendre l'étude de la voie ferrée directe dans les conditions prévues pour la première campagne. Il en résulterait tout au plus une augmentation de dépense de 11.300 francs, portant la dépense totale à 499.560 francs.

En réalité, les prévisions admises représentent sur plusieurs points des maxima qui ne seront pas atteints. Les soldes prévues pour le personnel indigènes sont légèrement supérieures aux prix locaux. Sur les porteurs seuls on peut réaliser une économie de 8.000 francs par abaissement de la solde mensuelle à 25 francs. Il n'est même pas impossible que ce prix s'abaisse jusqu'à 20 francs, ce qui correspondrait au tarif normal. D'autre part, les caravanes ont été considérées comme devant rester à effectifs pleins pendant toute la durée des travaux, alors qu'en réalité l'envoi de caravanes de ravitaillement, indépendantes, permettra sans doute de licencier successivement une partie des porteurs.

Les vivres d'Europe figurent pour une somme totale de 30.300 francs dans les prévisions qui concernent l'hypothèse de l'étude d'une voie directe. C'est en effet ce qu'on dépenserait en achetant les vivres sur place, à la côte. Mais par achats en gros, en France, on pourra réaliser une économie de 50 0/0 environ.

Pour prendre un autre exemple, les acquisitions prévues comme campement comportent l'achat de 16 tentes Edgington à 250 francs, prix de détail, alors qu'une commande de cette importance bénéficiera d'un fort escompte. Tout compris, il y a lieu d'admettre que les dépenses d'études en Afrique ne s'élèveront pas à 475.000 francs dans l'hypothèse d'études entraînant le maximum de frais. Constituée au capital de 500.000 francs, la société disposerait encore de la somme nécessaire pour ses dépenses métropolitaines.

CHOIX ET VALEUR DES CONCESSIONS

D'après la convention conclue avec le gouvernement du Congo français, la Société recevra 200.000 hectares de terres à son choix pour une dépense de 300.000 francs et 50.000 hectares par dépense supplémentaire de 100.000 francs jusqu'à 500.000 francs. La dotation, d'après les prévisions qui précèdent, sera donc de 300.000 hectares, soit 3.000 kilomètres carrés de terres de toute nature, entre le Nyanga et la frontière portugaise.

Pour évaluer l'importance et le rendement, soit immédiat, soit futur de cette dotation, il convient d'indiquer sur quels points paraît devoir porter le choix de la Société et en quelles proportions :

1° A Massab, petit poste frontière à l'embouchure de la Loémé, occupé par deux factoreries portugaises et un poste de douanes, 500 hectares environ absorbant la totalité des terres qui pourraient, par la suite, acquérir une valeur, par l'extension du centre. — Ci 500 hectares.

2° Kote Bitiva ou Cote Matève, au point où la Loémé, qui coule E.-O., tourne brusquement au sud, en arrivant à la côte dont elle longe intérieurement la plage, 1.000 hectares. C'est en ce point que s'établiront nécessairement les factoreries desservant la Loémé, lorsque le pays se développera. — Ci 1.000 hectares.

3° Pointe-Noire. Quelques factoreries sont déjà établies sur ce point, où réside un agent de la colonie avec un poste de douane. Les terres disponibles ont déjà une certaine valeur et pourront être revendues progressivement. — Ci 1.500 hectares.

4° Loango, chef-lieu de la région et principal port, se développe assez rapidement, depuis deux ans surtout. Trois maisons françaises s'y sont établies en 1892. La création d'une voie d'accès au Congo lui donnerait une importance considérable. En absorbant tous les terrains disponibles, la Société pourra compter sur des ventes immédiates, qui de toute façon deviendront progressivement importantes. — Ci 1.500 hectares.

5° Bas-Kouilliou. Un certain nombre de factoreries sont déjà installées sur les deux rives de l'estuaire, et il en existe un autre groupe en aval des rapides. Peu de terrains restent disponibles sur le premier point. Il existe au contraire de bons emplacements vacants sur le second. Les acquisitions de la Société pourront donner lieu à des ventes sinon immédiates, du moins prochaines. — Ci 1.000 hectares.

6° Embouchures du Fafa, du N'Gongo et autres points notables de la côte, entre le Kouilliou et Mayomba. Sans valeur aujourd'hui, ces emplacements sont appelés à en acquérir peu à peu. — Ensemble 2.500 hectares.

7° Mayomba. Ce centre, qui n'existe que depuis quelques années, comprend déjà cinq factoreries. En raison de la salubrité du climat et de la très grande fertilité du sol, il est appelé à se développer rapidement. On peut compter sur quelques ventes presque immédiates, — Ci 1.500 hectares.

8° Nyanga, à l'embouchure du fleuve du même nom, se trouve dans des conditions analogues. — Ci 1.000 hectares.

Enfin, des factoreries se sont établies sur le fleuve au bas des chutes. Il conviendra de prendre également dans leur voisinage : 1.000 hectares.

Ainsi le choix de la Société d'études s'exercera jusqu'à concurrence de 10.000 hectares sur les terrains appelés par leur situation à faire l'objet de transactions qui assureront des bénéfices liquides. Ces bénéfices deviendront très rapidement considérables si la voie de communication doit être créée. Ils progresseront, en tout cas, peu à peu. Pour en apprécier l'importance, il faut tenir compte des conditions nouvelles créées par l'absorption de tous les terrains disponibles autour des centres existant déjà, ou qui pourraient se former par la suite. Le seul fait du monopole de la Société et de l'impossibilité d'obtenir comme par le passé des concessions, provoquera évidemment des demandes. Jusqu'ici les ventes n'ont été qu'exceptionnelles. Il s'est produit cependant récemment, à Loango, une offre de 6.000 francs pour 2 hectares enclavés entre les factoreries. La seule annonce au Gabon de l'accord conclu avec le gouvernement de la colonie a déterminé immédiatement plusieurs demandes de concessions dans la région intéressée. On peut évaluer largement à 250 ou 300.000 francs le montant total des ventes qui s'effectueront de toute façon dans un délai de cinq ans en n'absorbant qu'une minime partie des 10.000 hectares.

Sans songer à des réalisations prochaines, la Société devra s'assurer également une certaine étendue de terrains à l'effet de cessions ou ventes dans l'intérieur. Déjà on peut désigner Loudima, Comba et Bouenza comme des points importants sur chacun desquels il conviendra d'acquérir 1.000 hectares. Tant sur la Loémé que sur le Kouilliou et le Nyanga, des réserves du même genre devront être acquises, en prévision d'un avenir probablement prochain. On constate déjà, dans le commerce du littoral, une tendance à pousser vers l'intérieur. Ce mouvement s'accentuera assez vite, une fois le branle donné, pour qu'il n'y ait rien d'exagéré à fixer à 15.000 hectares l'étendue totale des réserves choisies comme emplacement des futurs centres commerciaux.

Ces prélèvements faits en vue d'assurer directement la rémunération et la compensation du capital absorbé par les études, il restera à la Société 275.000 hectares. Sans entrer dans un examen de détail à ce sujet, on peut admettre qu'il conviendra d'acquérir 75.000 hectares de terres de cultures entre la zone forestière et le littoral, et 200.000 hectares dans la zone forestière. Il ne sera possible d'en déterminer les emplacements qu'après études sur place. Peut-être devra-t-on choisir, notamment en ce qui concerne le domaine forestier, des parcelles disjointes, de manière à occuper toutes les voies de pénétration naturelles dans l'ensemble des massifs qui forment le Mayombe, et sur la lisière ouest, les emplacements nécessaires pour s'assurer en fait le monopole de l'exploitation forestière dans toute la région.

De même, il est incertain si les terres de cultures devront ou non former des lots isolés. Au point de vue d'une réalisation par ventes, cette méthode serait préférable, car la société détiendrait, somme toute, sinon la totalité, du moins la majeure partie des terres cultivables en plantations.

Mais il serait également fort tentant et à un certain point de vue beaucoup plus intéressant, de constituer un grand domaine d'exploitation agricole et forestière. Dans la région comprise entre Mayomba et Nyanga, on se trouverait à ce point de vue dans une situation exceptionnellement avantageuse. La population est très clairsemée. On n'aurait donc à tenir compte que d'un petit nombre d'enclaves. D'autre part, le pays est d'une fertilité merveilleuse en même temps que d'une salubrité tout à fait remarquable. La fièvre est inconnue à Mayomba. Dans cette hypothèse, la société se trouverait appelée à constituer une importante compagnie d'exploitation, dont la création suffirait à assurer largement la compensation de ses dépenses par la rétribution de son apport.

Pour apprécier cette hypothèse à sa valeur, il faut se rappeler que la Compagnie hollandaise a créé en cinq ans une plantation de 700.000 pieds de café au Cayo ; qu'elle va créer maintenant une seconde plantation de 800 hectares sur le Bas-Kouilliou. D'autre part, un groupe de négociants en bois, des Landes, viennent de trouver, après étude sur place par l'un d'eux, que la question de l'exploitation forestière est assez intéressante dans ces parages, pour se décider à prendre, à la fin de 1892, une concession de 27.000 hectares sur le Bas-Kouilliou. Ils s'occupent actuellement de préparer sa mise en valeur, en constituant une société d'exploitation au capital de 1.200.000 francs. C'est précisément ce qu'a réalisé déjà à Libreville la maison Woërmann qui a installé une grande scierie mécanique dans son domaine de Sibangue.

Quelles que soient les conditions dans lesquelles il conviendra après études sur place, de choisir et d'exploiter le domaine agricole ou forestier, concédé à la société d'études, ces exemples permettent de se rendre compte que sa part restera belle ; quel que soit le coût des études et quel qu'en puisse être le résultat, la Société doit se considérer comme largement dotée, comme appelée non seulement à entreprendre une œuvre utile, intéressante, et ce très grand avenir, mais aussi à réaliser dans le présent une opération fructueuse.

A. Le Chatelier.

CONVENTION

Entre les soussignés :

1° Fortuné-Charles De CHAVANNES, chevalier de la Légion d'honneur, Lieutenant-Gouverneur du Congo français, remplaçant le Commissaire général absent, agissant au nom et pour le compte de la colonie du Congo français, assisté de M. Alphonse LIPPMANN, Directeur de l'intérieur de ladite Colonie,

D'une part;

2° Et M. Alfred Le CHATELIER, chevalier de la Légion d'honneur, demeurant à Paris, 69, rue de l'Université,

D'autre part;

Il a été convenu ce qui suit :

TITRE I.

Article premier.

M. Le Chatelier s'engage envers la colonie, à constituer, en lui transmettant tous les privilèges et obligations résultant de la présente convention, une *Société d'Etudes*, pour l'étude d'une voie de communications entre la côte et le Congo, sur le territoire français, utilisant en tout ou partie le cours du Niari-Quillou, avec sections complémentaires de voies ferrées jusqu'au Stanley Pool, ou consistant en une voie ferrée directe de la côte au Stanley Pool.

ARTICLE 2.

La colonie s'engage envers M. Le Chatelier à lui réserver tout droit de transmission des privilèges et obligations résultant de la présente convention à une société d'études, dans les conditions et pendant les délais prévus par les articles qui suivent, pour la constitution de la société, sans distinction de forme ou nature de ladite société.

ARTICLE 3.

La société d'études devra être constituée dans un délai de six mois après l'approbation définitive de la présente convention.

Les membres de son conseil responsable devront tous avoir la qualité de français, et, être pour deux tiers au moins :

Présidents ou Vice-Présidents de chambre de commerce; Directeurs ou Présidents de conseils d'administration des compagnies de navigation subventionnées; Directeurs ou Membres des conseils d'administration des cinq grandes compagnies de chemins de fer; Directeurs ou Présidents des conseils d'administration des sociétés commerciales ou industrielles ayant un capital social supérieur à cinq millions, ou de sociétés financières ayant un capital social supérieur à dix millions.

ARTICLE 4.

Dans les délais prévus pour sa constitution, la société d'études devra justifier d'un capital suffisant pour consacrer au moins 300.000 francs aux études sur le terrain. Elle sera libre de consacrer à ces études un capital supérieur au minimum fixé.

ARTICLE 5.

La colonie s'engage à concéder en toute propriété à la société d'études, comme rétribution de ses travaux :

200.000 hectares de terrés pour une dépense minima de 300.000 francs en études sur le terrain ;

50.000 hectares de terres par 100.000 francs de dépenses supplémentaires jusqu'à 500.000 francs ;

20.000 hectares de terres par 100.000 francs de dépenses supplémentaires, de 500.000 francs à 1.000.000 de francs.

La colonie ne s'engage à ces concessions proportionnelles qu'en ce qui concerne les dépenses des études relatives à la voie de communications.

Elle pourra rétribuer au même titre et dans la limite indiquée, comme complémentaires, les autres études de nature à l'intéresser.

Article 6.

La société d'études ne pourra devenir titulaire de ces concessions qu'après remise à la colonie de toutes les études relatives à l'établissement de la voie de communication, et, s'il y a lieu, des autres études, et après justification des dépenses effectuées et de leur objet.

Le Gouvernement de la colonie pourra contrôler les études faites sur le terrain, et les dépenses engagées, en déléguant à cet effet, auprès des brigades d'études, un ou plusieurs agents, chargés de le renseigner sur la marche et les conditions d'exécution des travaux d'études.

Article 7.

Sauf le cas de force majeure, les études devront être terminées dans un délai de deux ans après la constitution de la société d'études.

Les études que celle-ci devra remettre au Gouvernement de la colonie, comprendront l'ensemble des levés de toute nature exécutés pour la reconnaissance et la détermination de la voie de communications à créer, et le programme des travaux proposés par la société, comme conclusion de ces études, avec tracés, profils, plans généraux et devis estimatifs à l'appui.

Article 8.

Les études devront être remises au Gouvernement de la colonie, à l'expiration du délai de deux ans prévu pour leur exécution. Elles pourront être remises avant l'expiration de ce délai.

La société d'études remettra en même temps au Gouvernement de la colonie le relevé justificatif des dépenses effectuées. La remise des études et la justification des dépenses entraîneront de plein droit, pour la société, l'entrée en possession des concessions lui revenant aux termes de l'article 5 du présent titre.

ARTICLE 9.

Les concessions attribuées à la société d'études seront choisies par elle et prises sans distinction parmi les terres appartenant à la colonie, dans les bassins des fleuves côtiers entre la frontière portugaise au sud, et le bassin du Nyanga inclusivement au nord, sous réserve des droits de location ou autres, existant au moment où la société fera son choix, et des emplacements que le Gouvernement de la colonie aurait désignés comme devant être affectés à des services ou à des travaux d'utilité publique.

Ces emplacements seront désignés avant que la société ait fait son choix. En outre, les concessions ne pourront s'étendre sur le littoral ou sur les rives des biefs d'embouchure navigables des fleuves, que par enclaves de dix kilomètres de front sur cinq de profondeur séparées par des enclaves non concédées de même dimension.

La colonie pourra exproprier sur toute l'étendue des concessions les terrains nécessaires à l'établissement de la voie de communications, à charge pour elle d'attribuer à la société une compensation territoriale équivalente.

La société devra fournir à la colonie le plan topographique des terres dont elle aura fait choix, dès son entrée en jouissance.

Les mines se trouvant dans le périmètre des terres choisies ne seront pas comprises dans les concessions.

ARTICLE 10.

La société d'études pourra dès le commencement des études, exercer son droit d'option pour les concessions qui lui sont garanties, au prorata du capital engagé dans les études et d'après la proportion fixée à l'article 5. Elle pourra provisoirement entrer en jouissance des concessions et les exploiter au mieux de ses intérêts, mais leur propriété ne sera définitivement acquise à la société qu'après la remise de ses études et la justification de ses dépenses.

La société devra en tout cas faire son choix dans les trois mois qui suivront la remise de ses études.

ARTICLE 11.

La société d'études recevra communication, sans être astreinte de ce fait à aucune redevance ou rémunération, des levés, plans et devis de l'avant-projet déjà étudié par les soins de la colonie, en vue de l'utilisation du cours du Niari-Quillou et tous autres documents ayant trait à l'établissement d'une voie de communication entre la côte et le Congo, par le territoire français, notamment les levés de nivellement exécutés entre la côte et le Congo pour le compte de la colonie.

La société aura le droit de mettre à profit tous ces levés, plans, devis et documents.

TITRE II

Article premier.

La colonie garantit à la société d'études le droit d'option pour la concession des travaux de la voie de communication entre la côte et le Congo, et pour la concession de l'exploitation de cette voie, dans les conditions et pendant les délais prévus par les articles qui suivent.

Article 2.

Dans un délai de trois mois, après la remise des études de la société, la colonie fera établir à ses frais et notifiera à ladite société d'études, un cahier des charges des travaux à exécuter et de leur exploitation, conforme aux règlements d'administration publique en vigueur sur la matière, et aux dispositions suivantes :

1° Le type de voie ferrée adopté pour les sections de voie ou pour la voie tout entière, suivant le cas, sera la voie de 1 mètre, sauf entente entre la colonie et la compagnie ;

2° La vitesse d'avance en voie ferrée imposée par le cahier des charges ne pourra être supérieure à 50 kilomètres par an, pour une moyenne de cinq années.

3° Les tarifs imposés par le cahier des charges pour l'exploitation ne pourront être inférieurs, en voie ferrée, aux tarifs homologués pour le chemin de fer de Dakar à Saint-Louis, au moment de sa mise en exploitation, et les tarifs en voie fluviale, à la moitié des tarifs en voie ferrée, sans aucune obligation d'exceptions, mais avec liberté d'application de tarifs moindres.

ARTICLE 3.

Pendant un délai de un an, à partir de la notification du cahier des charges, la société d'études pourra exercer un droit d'option pour la concession des travaux et de leur exploitation.

Si, dans ce délai, la société d'études ne fait pas usage de son droit d'option pour la concession des travaux et de leur exploitation, la colonie pourra traiter avec toute autre compagnie ou société, pour la construction et l'exploitation de la voie, et disposer, sans être astreinte de ce fait à aucune indemnité envers la société d'études, des études relatives à la voie de communications ou autres, remises par ladite société.

ARTICLE 4.

En cas d'option pour la concession des travaux et de leur exploitation, la société d'études devra, dans le délai d'option d'un an, assurer la constitution, conformément aux prescriptions de la loi du 24 juillet 1867, d'une compagnie qui du fait de sa constitution par la société d'études, et suivant apport de ladite société deviendra titulaire de la concession des travaux et de leur exploitation, avec les privilèges et obligations attachés à cette concession.

La nouvelle compagnie pourra se donner pour but, par statuts, toute opération tendant à la mise en valeur et à l'exploitation de la région traversée par la voie ou des régions voisines. Elle sera tenue toutefois de s'obliger, par statuts, à réserver son capital social pour la construction de la voie, jusqu'à concurrence du montant des travaux, d'après les devis du cahier des charges, sauf déduction pour contrats syndicataires ou obligataires, couvrant une partie des dépenses, par apports en nature de participations industrielles.

ARTICLE 5.

La durée de la concession des travaux et de leur exploitation sera fixée à trente ans, dans le cas d'une voie mixte, partie fluviale et partie ferrée, et à soixante ans, dans le cas d'une voie ferrée directe de la côte au Congo.

ARTICLE 6.

La colonie ne devra aucun concours en argent à la Compagnie concessionnaire, ni pour la construction, ni pour l'exploitation de la voie.

La Compagnie ne devra aucune part de bénéfices à la colonie pour l'exploitation de la voie. A l'expiration de la concession, la voie, ses dépendances et le matériel d'exploitation devront être remis à la colonie par la Compagnie, en bon état d'entretien, sans qu'il en résulte pour la colonie aucune obligation envers la Compagnie.

ARTICLE 7.

La colonie garantit dès à présent à la Compagnie concessionnaire la jouissance gratuite, pendant toute la durée de la concession, de tous les terrains nécessaires pour l'établissement de la voie fluviale ou terrestre et de ses dépendances et pour l'exploitation de la voie, les expropriations nécessaires étant à la charge de la colonie.

ARTICLE 8.

La colonie garantit dès à présent à la Compagnie concessionnaire, comme minimum d'avantages et rétributions, sous les réserves spécifiées aux articles 9 et 10 du présent titre, l'exploitation, pendant toute la durée de sa concession, de l'ensemble des terres vacantes des forêts et des mines de toute nature, et la pleine propriété des terres et des mines de toute nature dont elle aura pris possession pendant toute la durée de la concession et qu'elle aura mises en exploitation, ou fait mettre en exploitation par des tiers à son bénéfice, par location, vente ou cession de toute nature, dans un délai de cinq ans après l'expiration de sa concession, savoir :

1° Dans le bassin du Niari-Quillou, pour le cas d'une voie de communication mixte, partie fluviale et partie ferrée ;

2° Dans le bassin du Nyanga, du Niari-Quillou et des autres fleuves côtiers, entre le Nyanga et la frontière portugaise au sud, pour le cas d'une voie ferrée directe entre la côte et le Congo,

A l'exclusion d'une bande littorale de trente kilomètres de largeur, dans les deux cas.

La mise en exploitation des terres, conférant pleine propriété à la Compagnie résultera, quelles que soient les terres, du fait de mise en cultures, sans distinction de cultures ou de mise en pâture pour l'élevage, et la mise en exploitation des mines, de tous travaux d'exploitation entrepris et continués.

Les terres et mines dont la Compagnie n'aura pas pris possession avant l'expiration de sa concession, ou dont elle n'aura pas assuré la mise en exploitation dans un délai de cinq ans après l'expiration de sa concession, feront intégralement retour au domaine colonial.

ARTICLE 9.

Les terres de cultures des villages indigènes, des postes et des établissements européens existant au moment où la Compagnie entrera en jouissance de ses droits, les emplacements des marchés et de tous autres lieux ayant une affectation usagère seront exclus des territoires réservés à la Compagnie.

La colonie pourra en outre distraire de ces territoires, avant l'entrée en jouissance de la Compagnie, les emplacements des centres et postes qui devront être créés le long de la voie de communications, avec les terres nécessaires pour les cultures vivrières destinées à l'alimentation du personnel ou des habitants de ces centres ou postes, dans un rayon de cinq kilomètres.

La colonie pourra délivrer sur ces enclaves telles concessions qu'elle voudra aux maisons de commerce, missions, établissements européens de tout genre, à l'effet de constructions ou de cultures vivrières d'alimentation locale, demeurant entendu que toute facilité devra être donnée à la Compagnie pour installer sur ces emplacements réservés tous établissements qui lui seraient nécessaires.

La colonie s'engage dès maintenant à ne délivrer aucune autre concession sur toute l'étendue des territoires réservés à la Compagnie, dans les conditions de délais prévus pour l'application de la présente convention.

ARTICLE 10.

Les droits des indigènes, en ce qui concerne l'exploitation superficielle des gisements miniers, dans la forme et sur les lieux où ils la pratiquent usagèrement, ainsi que leurs droits usagers au commerce des métaux fabriqués par eux et suivant leurs méthodes, seront réservés.

L'exploitation et le commerce du caoutchouc, des gommes, des graines oléagineuses, de tous produits forestiers autres que le bois et n'intéressant pas la production des bois proprement dits ; des produits animaux, tels que l'ivoire, la cire, les peaux, ou tous autres ; et en général de tous les produits naturels du sol autres que les bois et les minerais ou minéraux, resteront libres pendant toute la durée de la concession ; ainsi que le commerce des produits des cultures indigènes pratiquées dans la région avant l'entrée en jouissance de la concession, et tout commerce d'importation en général. Sera libre également l'exploitation des roches et bois à l'effet de constructions sur place, de chauffage et de tous usages locaux.

ARTICLE 11.

La notification à la colonie de la constitution de la Compagnie et la justification par elle de la constitution effective de son capital social jusqu'à concurrence du montant des travaux, suivant le devis du cahier des charges, ou des contrats de participations industrielles équivalents aux termes de l'article 4 du titre II, entraîneront de plein droit pour ladite Compagnie l'entrée en jouissance de toutes les concessions à elle garanties par la colonie, à partir du commencement des travaux, suivant les clauses et conditions de l'article 8 du présent titre.

TITRE III

ARTICLE PREMIER.

Les contestations qui pourraient naître pour l'application de la présente convention, devront être réglées d'après les principes suivants qui lui ont servi de base :

La colonie, en vue d'assurer l'étude complète d'une voie de communications entre la côte et le Congo, par le territoire français, entend s'adresser, pour cette étude, à des intermédiaires présentant toutes les garanties nécessaires, sans exiger l'association de ces intermédiaires dans une forme déterminée. Elle admet indifféremment pour cette association la forme d'un simple comité libre ou d'une société constituée, suivant les prescriptions de la loi du 24 juillet 1867, et n'impose à tout comité ou société constitués, par le contractant soussigné, en vue des études de la voie de communications, que les conditions spécifiées au titre I pour l'entrée en jouissance des privilèges et obligations résultant de la présente convention.

La colonie n'entend contracter aucun engagement financier, de quelque nature que ce soit, ni envers la société d'études, ni envers la Compagnie qui lui serait substituée, mais elle entend assurer largement la rémunération des travaux de la société d'études et de la Compagnie qui lui serait substituée, par l'affectation à cette rémunération des fractions du domaine colonial, actuellement non exploitées, et dont lesdits travaux pourront assurer l'exploitation.

Par dérogation à l'article 14 de l'arrêté local du 26 septembre 1891, les concessions spécifiées en faveur de la société d'études, constituant à la fois une prime d'initiative pour ladite société et une rémunération, lui sont attribuées, à titre définitif, sans condition de mise en valeur.

Les concessions spécifiées en faveur de la Compagnie concessionnaire, constituant seulement une rémunération de travaux entrepris en connaissance de cause, ne lui sont attribuées, à titre définitif, que sous condition de mise en valeur.

Elles ont un caractère de réserves privilégiées en vue d'assurer la mise en valeur plus rapide du domaine colonial, sur la plus grande étendue possible de territoire, avec autant de facilité qu'il peut être utile.

Ces réserves s'étendent à l'ensemble des produits et productions du sol non exploités actuellement dans la région pour laquelle elles sont constituées, et aux produits du sous-sol qui ne font l'objet que d'exploitations indigènes, superficielles et primitives.

Elles ne s'étendent pas aux produits et productions déjà exploités. Exclusives pendant leur durée de tout autre droit ou avantage pouvant les amoindrir au profit de tiers, elles ne comportent aucun détriment aux droits actuels des tiers. Ces droits résultant uniquement des faits commerciaux acquis, la colonie entend réserver la liberté du commerce européen et indigène, dans sa forme actuelle, pour les produits et productions de tout genre qu'il utilise actuellement, aussi bien au profit des tiers qu'au profit de la Compagnie, sans qu'il en résulte pour celle-ci d'obligations particulières autres que les réserves stipulées au titre II.

En raison de l'importance des concessions attribuées tant à la société d'études qu'à la Compagnie, la colonie se réserve la propriété des études et travaux rémunérés par ces concessions. Elle en attribue la jouissance libre et exclusive de toute charge ou condition restrictive à la société d'études et à la Compagnie issue de celle-ci pendant la durée de leurs contrats respectifs. Mais à l'expiration de ces contrats, études et travaux doivent lui faire retour sans autre compensation que les concessions prévues.

La colonie attache un intérêt prépondérant à la rapidité d'exécution de la voie de communication à créer. Par engagement réciproque, la voie mixte, partie fluviale et partie ferrée, devra être préférée à la voie directe, en raison d'une rapidité et d'une facilité d'exécution plus grandes, si elle peut remplir les conditions normales de sécurité et de facilité de transport.

ARTICLE 2.

Les contestations relatives à l'application de la présente convention seront tranchées, sous réserves que de droit, par voie administrative, c'est-à-dire par le Conseil de la colonie jugeant au contentieux, avec recours au Conseil d'État.

ARTICLE 3.

La présente convention n'entrera en vigueur qu'à dater de son approbation définitive.

Fait en double à Libreville, le 10 février 1893.

Lu et approuvé :

Signé : Ch. De CHAVANNES.

Lu et approuvé :

Signé : A. LIPPMANN.

Lu et approuvé :

Signé : A. Le CHATELIER.

Approuvé en Conseil d'Administration dans sa séance du 11 février 1893.

Le Lieutenant-Gouverneur, Président,

Signé : Ch. De CHAVANNES.

PARIS. — IMPRIMERIE P. MOUILLOT, 13, QUAI VOLTAIRE. — 56713.